AF470424

DU

DOMICILE

THÈSE POUR LE DOCTORAT

PAR

M. HENRI CHAVANES

AVOCAT A LA COUR IMPÉRIALE DE PARIS

PARIS

IMPRIMERIE SIMON RAÇON, RUE D'ERFURTH, 1

1865

DU DOMICILE

PARIS. — IMP. SIMON RAÇON ET COMP., RUE D'ERFURTH, 1.

DU

DOMICILE

THÈSE POUR LE DOCTORAT

PAR

M. HENRI CHAVANES

NÉ A ORLÉANS

AVOCAT A LA COUR IMPÉRIALE DE PARIS,

L'acte public sera soutenu le lundi, 17 août 1863, à une heure
en présence de M. l'inspecteur général GIRAUD.

PRÉSIDENT : M. ROYER-COLLARD.

SUFFRAGANTS :
MM. PELLAT,
DURANTON, } Professeurs
VERNET,
BEUDANT, } Agrégés.

PARIS
IMPRIMERIE SIMON RAÇON, RUE D'ERFURTH, 1.

1863

A MA MÈRE ET MA GRAND'MÈRE

A LA MÉMOIRE DE MON PÈRE

PRÉFACE

Le but de cette thèse n'est pas d'exposer en détail
le système municipal des villes de l'empire romain ;
il n'en sera parlé qu'autant que cela sera nécessaire à
l'intelligence de la matière spéciale que nous voulons
traiter : De la qualité de citoyen municipal et d'habitant d'une ville ; — Des obligations et conséquences
qui résultent de ces qualités.

La première partie de cette thèse sera consacrée à
une exposition générale du régime municipal aux
diverses époques de la puissance romaine, à suivre le
progrès et la décadence des libertés accordées aux
villes et à certaines contrées entières. — Nous jetterons
aussi un coup d'œil sur l'organisation administrative
des diverses parties de l'État romain et sur la con-

dition différente qu'avaient les villes municipales, préfectorales, les colonies et les provinces. Nous verrons par là combien il était important d'être citoyen de telle ville de préférence à telle autre.

Dans une deuxième partie, nous développerons tout ce qui a trait à l'origine et au domicile ; puis nous examinerons quelles sont les conséquences principales de ces qualités de citoyen originaire et d'habitant ; les charges municipales, la juridiction spéciale et personnelle, et le droit local auxquels sont soumis ces citoyens et habitants.

DU DOMICILE

DROIT ROMAIN

AD MUNICIPALEM ET DE INCOLIS. (Dig., liv. L, tit. i.)

DE INCOLIS, ET UBI QUIS DOMICILIUM HABERE
VIDETUR, ETC. (Code, liv. X, tit. xxxix.)

PREMIÈRE PARTIE

NOTIONS HISTORIQUES

L'Italie, avant d'être conquise par Rome, était divisée
entre une foule de peuples, les uns constitués en ré-
publiques, les autres ayant à leur tête un roi. Chacun
de ces États, grand ou petit, avait son organisation
administrative, judiciaire, son droit spécial, ses coutumes.

Rome conquérante respecta généralement ces constitutions et ces droits spéciaux, tant qu'elle n'y vit
rien de contraire à sa sécurité et à l'assiette de sa
nouvelle domination. Sa politique était de remuer le

moins possible les peuples, de changer aussi peu qu'il se pourrait leurs institutions nationales, leur droit et leurs usages, afin de leur faire sentir moins le joug auquel ils étaient désormais soumis, de leur faire perdre insensiblement et par une assimilation progressive leur caractère national. Rome voulait en faire des sujets et des amis, en évitant de froisser les susceptibilités nationales, ce qui eût reculé d'autant le but qu'elle poursuivait. Telle fut sa politique, surtout à l'égard des peuples voisins et alliés encore plus qu'à l'égard des peuples vaincus, politique pleine d'intelligence, commençant par une alliance, se transformant en protectorat et amenant peu à peu et définitivement l'annexion à l'État romain du peuple primitivement allié.

Voilà comment s'explique historiquement l'existence d'aussi nombreux municipes et villes libres au sein de l'empire romain, villes ayant conservé leur organisation municipale et leur droit à part, leurs libertés, leurs franchises, leurs priviléges.

Au temps où la constitution romaine avait acquis son plus grand développement, c'est-à-dire vers le commencement de l'empire, voici quelle était la composition du territoire de l'État.

L'Italie, Rome non comprise, était formée d'une masse de communes urbaines, la plupart municipes ou colonies, et aussi de petites communautés secondaires. Chacune d'elles avait sa constitution plus ou moins indépendante, ses magistrats, sa juridiction et même son droit spécial. Il est même à remarquer que, au temps de l'empire, la vie politique s'est retirée du peuple romain, quant aux affaires de l'État; tandis que dans les villes, la vie municipale avec les comices et la curie jouant le rôle de sénat a pris une force et un développement croissants.

Le droit spécial dont nous parlions plus haut était un reste de la législation que ces villes avaient avant leur réunion à l'empire romain, et que la conquête ne leur avait pas enlevé complétement. C'était un moyen d'adoucir leur soumission nouvelle, et Rome préférait, pour arriver à l'unification du droit, le.résultat du temps et des modifications successives au résultat brusque que peut produire la force conquérante, en imposant ses volontés aux vaincus. Les villes conquises, bien que soumises désormais aux lois nouvelles rendues à Rome pour tout le territoire romain, conservaient comme fond de leur droit un droit particulier; souvenir de leur nationalité et de leur ancienne indépendance, plus ou moins différent du droit commun, et tendant à s'en rapprocher chaque jour davantage, sous la main des présidents de provinces et l'influence des rapports de la ville municipale avec la métropole.

Ainsi l'Italie, sauf Rome et son territoire, était comprise tout entière dans les dépendances de ces villes, et tout habitant de l'Italie appartenait à Rome ou à ces villes.

Les provinces mêmes, qui à l'origine avaient des

constitutions toutes différentes de celles des villes municipales, s'en rapprochèrent peu à peu, et au deuxième ou troisième siècle de l'ère chrétienne, époque des grands jurisconsultes, presque tout le territoire romain était constitué comme l'Italie, c'est-à-dire divisé en territoires distincts, ayant pour chefs-lieux des villes ; et les habitants de l'empire appartenaient à Rome la capitale, ou à ces différentes villes, qui avaient des institutions et des juridictions particulières et qu'on appelait *respublicæ, civitates ;* leur territoire, *territorium, regio.*

Le territoire de chacune de ces villes comprenait les *vici* et les maisons isolées placées dans ses limites. Loi 30, *ad munic.* Les habitants de ces villages et de ces métairies étaient soumis à la même juridiction que les habitants de la ville dont ils dépendaient et y jouissaient des mêmes avantages, loi 27, § 1, *ad munic.* — Festus prétend même qu'il y avait anciennement des *vici* qui formaient des *respublicæ* indépendantes ; mais peu à peu elles disparurent, englobées avec leurs territoires dans les dépendances d'une ville voisine.

Avant d'aller plus loin, nous voulons donner une idée générale de ce qu'étaient les différents éléments qui composaient l'empire romain, jeter un coup d'œil sur les municipes, les colonies, les préfectures, les provinces ; car à chacun de ces divers éléments correspondaient un droit varié et un état différent de liberté politique pour les personnes.

I. — MUNICIPES.

Le sens primitif du mot *municipium* a été l'objet de longues controverses ; c'est un problème historique que nous n'essayerons pas de résoudre. M. de Savigny pense qu'après la loi *Julia municipalis*, qui, en 664, accorda le droit de cité à l'Italie tout entière, *municipium* désigna régulièrement une classe principale de villes italiennes, celles qui dans l'origine n'avaient pas été fondées par Rome comme communes, par opposition aux colonies qui étaient fondées par Rome.

Ce nom de *municipium* n'est pas rare dans les provinces, mais n'y devint pas général, même après la constitution Antonine, et alors, pour désigner une commune urbaine, sans distinguer entre les municipes et les colonies, entre l'Italie et les provinces, on employait un mot général, *respublica*, *civitas*, et le mot de *municipium* conserva son sens spécial et restreint.

A l'origine, ces municipes étaient des villes soumises aux Romains, qui leur laissaient leur organisation particulière intérieure, le choix de leurs magistrats, le culte de leurs religions, leurs pontifes. Mais ces magistrats et pontifes, au lieu d'être à la tête d'une *respublica* indépendante, ne sont que des agents secondaires, soumis à Rome et surveillés par elle. Ces villes conservent leurs biens, leurs revenus, et avec une partie de leurs impôts pourvoient à leurs dépenses municipales.

Ce titre de ville municipale était stipulé dans les

traités des villes qui se soumettaient au peuple romain, ou bien était accordé postérieurement comme faveur par l'empereur. M. de Savigny prétend même que lorsque le *jus Italicum* était concédé par le prince à une ville, cela lui permettait de se constituer comme une ville municipale et lui donnait le droit d'avoir une organisation intérieure indépendante.

Lorsque après la guerre sociale, le droit de cité fut octroyé à toute l'Italie, on vit beaucoup de villes n'en pas profiter, parce que les peuples qui usaient de cette concession devaient abandonner leurs institutions municipales et particulières et recevoir leur gouvernement intérieur de magistrats nommés par Rome et souvent envoyés par elle.

Ces municipes participaient jusqu'à un certain point au droit de cité, quelques-uns avaient le *jus suffragii*, le droit de voter dans les comices. D'abord ce droit de vote ne pouvait s'exercer qu'à Rome, et à un moment donné, on voyait les populations des villes s'y diriger et concourir aux élections dans les comices. Auguste décida que ces habitants des municipes ne viendraient plus exercer leur *jus suffragii* à Rome, mais qu'ils enverraient seulement leur vote par écrit aux magistrats. L'empereur voulait ainsi amener la suppression des comices.

Ces villes municipales eurent leur temps de splendeur et aussi leurs misères: d'abord favorisées par les libertés qui leur avaient été accordées, elles prospérèrent sous la main des magistrats qu'elles se choisissaient elles-mêmes. Ces fonctions honorifiques furent longtemps recherchées, mais peu à peu les impôts excessifs, nécessités par les abus et les dépenses des Césars romains, rentrèrent chaque jour plus difficilement dans le trésor, et on en vint à prendre une mesure funeste qui devait amener le désarroi du système municipal ; on déclara les magistrats chargés du recouvrement de l'impôt responsables de la solvabilité des contribuables. Alors on vit les citoyens éviter ces magistratures devenues ruineuses et odieuses aux populations par les exactions auxquelles le recouvrement de l'impôt donnait lieu. Des mesures furent prises par le fisc pour empêcher les magistrats responsables d'éluder cette charge, et après leur avoir offert divers avantages pour les y attirer, on en vint à les contraindre et à les ramener *manu militari* dans leur ville, lorsqu'ils la quittaient pour échapper à ces fonctions détestables.

II. — COLONIES.

Rome, comme la plupart des peuples de cette époque, après avoir conquis une contrée, avait coutume d'envoyer dans les cités soumises un certain nombre de ses citoyens pour y établir ses institutions, son Droit, ses coutumes, et prendre le gouvernement intérieur de ces villes. Ces colonies formaient comme un petit État, rattaché étroitement à Rome par une similitude presque parfaite d'institutions. Servius nous donne la définition de ce qu'était une colonie : « Colonia est cœtus horum hominum, qui universi deducti sunt in locum certum ædificiis munitum quem certo jure obtinerent. Alii colonia data est a colendo : est autem pars civium aut sociorum missa, ubi *rempublicam habeant* ex consensu suæ civitatis aut publico ejus populi unde profecti sunt concilio. Hæ autem coloniæ sunt quæ ex consensu publico non ex secessione sunt conditæ. » Ainsi ces colonies étaient fondées par le sénat et formées par ceux qui allaient occuper une ville soumise et déjà existante, envoyés par leur gouvernement pour y affermir la conquête, et où ils devaient trouver à leur arrivée puissance et fortune. Les membres de ces colonies romaines ne perdaient pas la qualité de citoyens romains, mais seulement leurs droits politiques à Rome. Il leur restait donc de plus qu'aux *Latini coloniarii* le *jus connubii*. Ces colonies, nous dit Aulu-Gelle, XVI, 13, ne viennent pas de dehors dans Rome, mais en sortent et en tirent leur origine; c'est une exubérance de population et une multiplication des citoyens qui se rendent dans des villes nouvelles pour y affermir l'autorité de la mère patrie.

Les vaincus n'étaient ordinairement pas complétement dépouillés par les vainqueurs. D'habitude, on enlevait aux habitants un tiers du territoire occupé qui était distribué entre les colons nouveaux arrivants [1].

---

[1] Denys d'Halicarnasse, II, 35, 50.

Cette division des biens amenait la plupart du temps
des luttes terribles, derniers efforts des vaincus, et
une haine violente entre les colons et les populations
indigènes [1]. Mais les bienfaits des institutions apportées
par les Romains, l'organisation régulière des villes,
la protection accordée à la prospérité publique, les
libertés municipales, les concessions et priviléges
octroyés à propos par les empereurs et enfin le temps
adoucirent peu à peu ces vieux ressentiments, facili-
tèrent la fusion des races et le but que se proposa
toujours Rome dans ses conquêtes, l'unification et
l'assimilation des divers éléments composant son empire.

Ces colonies furent souvent d'un grand secours
pour Rome, et un avant-poste dans les diverses guerres
qu'elle eut à soutenir. Ainsi, nous voyons, lors des
guerres puniques, ces colonies lutter vigoureusement
contre les Carthaginois, et lorsque enfin Rome triomphe
d'Annibal, elle sait récompenser dix-huit de ces colonies, sur trente qui existaient alors, en leur accor-
dant le *jus Latii*; ce qui ne leur donnait aucun droit
politique à Rome, mais leur concédait le *jus commercii*,
Ulp. frag., t. XIX, § 4.

Ces colonies commencèrent à paraître à l'époque
même des rois de Rome, au moment où la ville a pris
une extension considérable et acquis une surabondance
de population, par suite du système qu'elle avait

[1] Tite Live, IX, 25; IV, 17.

pratiqué jusqu'alors : s'incorporer les vaincus. Nous voyons ces colonies devenir florissantes, organisées comme Rome elle-même, tenant de la capitale leurs droits et leurs institutions, et non arbitrairement d'elles-mêmes. Elles jouissaient d'une liberté politique moins grande que les municipes, qui n'étaient soumis au droit de Rome que facultativement et seulement s'ils se faisaient *populi fundi*, en abdiquant leurs institutions particulières. Cependant ces colonies doivent *rem publicam habere*, avoir une constitution propre, des intérêts communs; elles avaient un sénat, choisi parmi les colons envoyés par Rome, ordinairement au nombre de trois cents[1], et leur ressemblance avec la métropole est telle qu'Aulu-Gelle dit (XVI, 15) qu'on y retrouve un petit portrait du peuple romain : *Effigies parva simulacraque populi Romani.* Cicéron, *Pro Fonteio*, rappelle cette comparaison : « Est in eadem provincia, Narbo colonia nostrorum civium specula populi Romani ac propugnaculum istis nationibus oppositum. » On pourrait, comme l'a fait Niebuhr, comparer ces colonies romaines aux établissements que nous voyons fondés par les Francs en Asie Mineure et qui nous donnent, au moyen des assises de Jérusalem, une image frappante de la France féodale et des lumières précieuses sur son droit.

[1] Tite Live, VIII, 21; XXXII, 29; XXXIV, 45.

III. — PRÉFECTURES.

On admet en général que les préfectures étaient les villes le moins favorisées : elles étaient dans une condition analogue à celle des provinces. Ce sont les municipes ou colonies qui se sont révoltés contre Rome, qui ont été réduits par les armes et mis dans une position inférieure. Pour les punir, Rome leur envoie un magistrat appelé *præfectus*, réunissant entre ses mains tous les pouvoirs qui jusque-là avaient appartenu aux assemblées et aux magistrats municipaux.

Les auteurs [1] qui soutiennent cette opinion s'appuient sur cette phrase de Festus : « Præfecturæ neque tamen magistratus suos habebant, » et veulent y voir une preuve concluante de l'état d'infériorité politique de ces villes et de leurs habitants.

Mais M. de Savigny est d'une opinion contraire et explique autrement cette phrase de Festus. Selon lui, la seule différence qui existait entre les municipes et les colonies d'une part, et les préfectures d'autre part, est que les magistrats supérieurs qu'on rencontre dans cette première classe de villes ne se retrouvaient pas dans les préfectures. Ils y étaient remplacés par un *præfectus juridicundo*, nommé par le préteur à Rome, et renouvelé chaque année. A cela près, les préfectures avaient, comme les autres cités, leur curie

[1] Zumpt., *Comm. Epigr.*, p. 53, 54.

jouant le rôle de sénat et leurs magistrats inférieurs élus par elles. Ce qui ferait croire que les habitants de ces villes n'étaient pas plus mal traités que les autres, c'est que nous voyons Cicéron, d'Arpinum, cité préfectorale, atteindre aux plus hauts honneurs et devenir consul à Rome[1].

En dehors de ces villes, municipes, colonies, préfectures, dont les caractères généraux sont tranchés, nous voyons des villes occupant un rang mixte, municipes à un certain point de vue, préfectures sous le rapport de la justice qui est rendue par un préfet. C'est, du reste, peut-être cette variété dans la condition de certaines villes d'une même classe, traitées avec plus ou moins de faveur ou de rigueur par Rome, qui a donné naissance à cette divergence d'opinions entre M. de Savigny et la plupart des auteurs, relativement à la situation politique des préfectures et au règlement de leurs affaires intérieures.

Malgré cette diversité de régimes dans les villes soumises au peuple romain, nous pouvons remarquer, déjà même du temps de la république, un travail de centralisation qui augmente chaque jour et qui arrivera à un tel point sous les empereurs, qu'après avoir été une cause de force et de vigueur, la source d'une grande prospérité au temps des premiers Césars, elle deviendra par la suite un principe de décadence sous des empereurs impuissants ; triste effet d'une centra-

---

[1] Cic., *ad Familiares*, XIII, 12. — *Pro Plancio*, c. VIII.

lisation trop grande des pouvoirs qui enleva au peuple romain son énergie et son esprit ardent et politique; puis, quand ce système d'administration devint insuffisant, le désarroi fut général, et ce qui avait été une cause de la puissance romaine devint la source d'une faiblesse incurable.

IV. — PROVINCES.

Après avoir achevé la conquête de l'Italie, Rome poussa plus loin ses armées triomphantes, leur fit passer les mers et les chaînes de montagnes et assujettir les nouvelles populations sur lesquelles ses aigles s'abattaient. Ces peuples ne devaient plus être traités comme l'avaient été les villes italiennes qui, par des traités de paix et d'alliance, avaient généralement obtenu des concessions précieuses pour leur administration intérieure et leurs libertés locales. Le peuple romain, en poussant si loin ses conquêtes, n'éprouvait plus le besoin de se faire des alliés des populations nouvellement soumises, comme autrefois des villes qui l'entouraient et qui lui servaient de premiers remparts contre ses ennemis. Aussi s'explique-t-on sa manière différente d'agir à l'égard de ces pays qui furent réduits à l'état de provinces romaines. Rome songea plutôt à exploiter ces pays et à s'en faire une source de richesses et de revenus au moyen des *vectigalia*, impôt foncier qu'elle y prélevait chaque année, et des impôts personnels qu'elle répartissait sur tous les habitants et recueillis par le questeur de la province au moyen de fermiers appelés *publicani*.

Cet état d'habitant des provinces est la pire condition pour les sujets romains; le plus souvent leurs lois, leurs magistrats, leurs propriétés leur sont enlevés. On leur laisse seulement un droit de possession ou de jouissance (Gaius, *Comm.*, II, § 7), mais la propriété des terres appartient, sous la république, au peuple romain, sous l'empire à l'empereur ou au sénat. Ces terres ne sont pas susceptibles du droit de propriété quiritaire, à moins qu'elles ne dépendent du territoire d'une ville ou d'une partie de province ayant obtenu de l'empereur la concession de *jus Italicum*.

Ces provinces étaient donc soumises à la loi du vainqueur, qui réglait la forme et l'organisation du pays, son mode d'administration, et ce règlement se trouvait contenu dans la *formula provinciæ*, faite par le sénat d'abord et plus tard par l'empereur.

A la tête de la province se trouvait un proconsul ou propréteur, envoyé par le sénat ou l'empereur à sa sortie de charge à Rome, et investi, ordinairement pour un an, d'un pouvoir absolu et discrétionnaire, et dont il fait trop souvent un usage immodéré. Nous en avons une triste preuve dans l'exemple de Verrès, proconsul de Sicile, dont les abus et les exactions nous sont restés tracés en termes si éloquents dans les *Verrines* de Cicéron.

Le proconsul tient en ses mains tout le gouvernement de la province, réunit tous les pouvoirs judi-

ciaires et administratifs. Il fait des tournées, tient des
assises où il rend la justice ; il entretient, aux frais de
la province, l'armée destinée à en réprimer les révoltes. Il doit, à la fin de l'exercice de sa fonction,
rendre compte au sénat de son administration. Mais
les proconsuls trouvèrent moyen d'éluder cette reddi-
tion de compte, de se maintenir par l'intrigue et d'é-
puiser la province par leurs dilapidations et leur
arbitraire.

Le droit municipal des provinces est loin d'être
uniforme ; il fut réglé par les traités que chacune d'elles
obtint. Telle province avait une *lex municipalis* pour
ses villes, telle autre n'en avait pas, et M. Giraud nous
dit que « le soin d'octroyer ces *leges municipales* faisait
ordinairement partie des pouvoirs spéciaux donnés
aux proconsuls, propréteurs ou chefs d'expédition
militaire. C'est en vertu de commissions de ce genre
que fut probablement donné le statut de Capoue, si
nous en croyons Tite Live, et que Pompée régla les
coutumes des villes de Bithynie dont parle souvent
Pline le Jeune. » Cette diversité de concessions existait
non-seulement d'une province à l'autre, mais aussi de
ville à ville dans la même province ; ainsi on retrouve
dans certaines provinces des colonies soit romaines,
soit latines, des villes libres et érigées en municipes,
se gouvernant comme telles, et aussi des villes préfectorales où la justice est administrée par un préfet
envoyé de Rome.

Les provinces à l'époque de l'empire étaient divisées

entre le peuple et l'empereur : les premières, *provinciæ populi*, avaient toujours pour gouverneurs les consuls et les préteurs de Rome sortant de charge : leur impôt, appelé *stipendium*, est versé dans le trésor public, *ærarium*. Les secondes, *provinciæ Cæsaris*, étaient administrées par des *legati Cæsaris*, officiers envoyés par l'empereur, sous le nom de présidents de province ; l'impôt qu'elles payaient, *tributum*, était versé au trésor particulier de l'empereur, *fiscus*.

En somme, nous voyons que partout, même dans les provinces et les préfectures, il y avait une organisation municipale plus ou moins étendue et un gouvernement intérieur fonctionnant, soit sous la surveillance d'assemblées nommées par la population même des villes, soit sous le contrôle des préfets, gouverneurs ou présidents de province, nommés par le sénat ou l'empereur. La grande variété qui existait dans la condition des villes d'Italie commence à s'effacer à la fin de la république, pour se transporter plus loin dans les provinces, où les présidents, les empereurs accordent à telle ville ou telle province la faveur d'être constituée en municipe, et la communication plus ou moins grande des bénéfices du droit civil romain. Pourtant il faut remarquer que le régime municipal s'est coordonné et assujetti à un ensemble de règles communes et qui se trouvaient probablement réunies dans la *lex Julia municipalis*, qui ne nous est pas parvenue (si ce n'est peut-être en partie dans les fragments des tables d'Héraclée et de la *lex Galliæ*

Cisalpinæ), où Jules César, dictateur, aurait fait dé-
créter des règles communes pour la constitution et
l'administration des municipes en Italie.

Après la guerre sociale, le droit de cité est accordé
à tous les habitants libres de l'Italie, et c'est là un pas
énorme fait vers l'unité : alors la condition générale
des habitants des villes tend à devenir uniforme, et
les droits civils de chacun y sont égaux.

A l'époque impériale, une nouvelle transformation
s'opère sous l'influence des Césars dans l'état général
de l'empire. On remarque une sorte de nivellement
entre ses diverses parties ; ce que perdent en libertés
les villes d'Italie dans leurs constitutions municipales,
les provinces le gagnent, et on arrive ainsi à une unité
qui devait être le résultat de la centralisation de tous
les pouvoirs des anciennes magistratures de la république aux mains d'un seul homme, l'empereur. Les
provinces deviennent toutes en réalité provinces de
l'empereur, car le sénat, réduit à un rôle fictif, s'em-
pressait toujours de nommer le gouverneur que l'empereur proposait : de plus, l'empereur substitue complétement son contrôle à celui du sénat, et tous ces
gouverneurs, appelés *præsides*, ne relèvent plus que
du chef de l'État. Du reste, sous ce régime unitaire et
centralisateur, l'administration des provinces se ré-
gularise et s'améliore, et des libertés locales sont
accordées à beaucoup de villes ; ce qui fait que sous
une homogénéité générale dans l'État des diverses
parties de l'empire, on reconnaît toujours une grande

variété de droits et de priviléges d'une ville ou d'un pays à un autre.

Ces libertés locales, concédées par les empereurs, et qui n'étaient pas de nature à effaroucher leur jalouse domination, furent généralement favorisées par eux. Le régime municipal fut étendu ainsi aux provinces par une suite d'édits particuliers, donnés comme chartres à diverses villes, et dont nous avons quelques restes dans les tables de Malaga et de Salpenza.

Ces institutions libérales donnèrent aux villes un développement et une vie qui rayonna dans tout l'empire : elles sont organisées comme Rome, ont leurs consuls sous le nom de duumvirs, leur sénat sous le nom de *curia*, *ordo*, leurs assemblées où la population élit ses magistrats municipaux. Ce sont *quasi simulacra imperii*. Leurs impôts, d'abord modérés et faciles à recouvrer, servaient à subvenir aux charges communes de l'État tout entier et à l'entretien des armées[1]. Les revenus des cités suffisaient aux dépenses nécessitées par les jeux, la création ou l'entretien des temples, des théâtres, des routes et des aqueducs. C'est surtout au temps de Trajan, d'Adrien, d'Antonin le Pieux et de Marc Aurèle que ces institutions libérales sont protégées et font prospérer tout l'empire. Mais après ces princes dévoués aux intérêts de l'État et au bonheur de leurs sujets va bientôt ap-

---

[1] *Lettres de Trajan à Pline*, X, 55, 92. Tite Live, IV, 59, 60.)

paraître une série d'empereurs préoccupés seulement
de la défense de leur couronne ou de leurs plaisirs.
Les droits des cités sont méconnus, et, en même
temps que le renversement des libertés municipales,
on voit pencher le trône des Césars et la puissance
romaine s'affaiblir. La centralisation est excessive, le
gouvernement est mis aux mains d'empereurs nommés par les soldats et dont ils sont les esclaves ; il faut
enrichir cette soldatesque et ne compter pour rien le
reste. Alors les villes sont opprimées par les exactions
des gouverneurs ; les impôts, devenus trop lourds, se
recouvrent difficilement : la curie, dignité recherchée
jusque-là, devient la ruine de ses membres chargés
des rentrées de l'impôt; les curiaux sont attachés à
leurs fonctions comme des esclaves, *servi curiæ*. D'a-
bord seulement héréditaire, cette dignité est imposée
aux habitants riches : tous les moyens sont bons pour
y échapper : les conditions sociales et les professions
les plus infimes et les plus dégradantes sont mises en
avant par ceux à qui on veut imposer ces fonctions.
Les populations rurales abandonnent les campagnes
et la culture des champs, les habitants des villes se
cachent ou se réfugient sous la protection des *poten-
tes* assez forts pour résister aux efforts du gouvernement ou les éluder. Au milieu de ce chaos et de ces
débris d'un empire naguère puissant et florissant,
quelques empereurs essayent de rétablir l'ordre et de
faire revivre ces institutions qui avaient fait la prospérité des villes, mais leurs efforts échouent devant ce

courant de désorganisation. Rome est ruinée par des luttes intestines, des révoltes de soldats qui s'étendent dans les autres parties de l'empire, et le mal qui désole le cœur de ce grand corps gagne et envahit le reste, et finit par en amener la chute en lambeaux. Il faudra que les barbares, dont les irruptions de plus en plus fréquentes ont avancé l'affaissement de ce grand empire, apportent des idées et des principes nouveaux qui régénèrent ce vieux monde romain, recueillent les avantages de sa civilisation et implantent dans ses ruines les germes d'une civilisation nouvelle, purifiée par le christianisme.

DEUXIÈME PARTIE

Le coup d'œil général que nous venons de jeter sur l'ensemble de l'organisation de l'empire romain et sur la diversité des constitutions et des droits locaux qui régissaient les différentes villes d'Italie d'abord, et plus tard des provinces, nous a permis de saisir toute l'importance qui s'attachait alors à bien déterminer quelle était la ville dont un homme était citoyen originaire ou habitant. Chaque individu appartenait à l'une de ces communes urbaines; cette dépendance résultait soit du droit de cité dans la ville, *origo*, soit de la fixation de demeure sur son territoire, *domici-*

lium. Ce sont ces deux circonstances qui décidaient dans quelles villes une personne devait remplir les fonctions publiques, *honores* ou *munera*, et qui déterminaient la compétence des juges devant lesquels le défendeur à une action pouvait être poursuivi, enfin qui attribuaient comme droit personnel du citoyen ou de l'habitant le droit spécial de la ville à laquelle il était ainsi rattaché.

Tout homme, en ce qui touche les rapports du droit public, se trouve donc placé dans une double dépendance. Il est : 1° citoyen et sujet de l'État; 2° citoyen d'une municipalité, circonscription locale, et à ce titre soumis aux charges locales, à l'autorité des magistrats municipaux, au droit positif de la ville qui forme son droit personnel.

En abordant l'explication de notre titre au Digeste, *ad municipalem et de incolis,* en ce qui touche la matière que nous devons développer, l'*origo* et le *domicilium,* nous pouvons tout d'abord faire deux remarques, l'une, avec Cujas, particulière et relative à la rubrique du titre. Cette rubrique pèche sous le rapport de l'exactitude : en effet, *ad municipalem* (sous-entendu *legem*) semble devoir nous annoncer un ensemble des règles générales de l'organisation des villes municipales, et il n'en est rien. Il n'est guère question, dans ce titre, que des municipaux et des habitants, et des charges qu'ils ont à remplir. Il eût donc été préférable que la rubrique de ce titre fût : *ad municipales.*

La seconde remarque est que dans tout le cours de

ce titre nous voyons les divers jurisconsultes s'étendre assez longuement sur les charges et les fonctions publiques et personnelles attachées à la qualité de municipal originaire ou d'habitant d'une ville; mais, quant aux avantages qui peuvent résulter de cette même qualité, ils sont bien faibles et il n'en est parlé que très-brièvement dans la loi 27, § 1. On peut expliquer cela en observant que ce recueil fut fait pour l'empire de Justinien et que ces lois sont des fragments de jurisconsultes qui écrivaient à une époque où déjà la décadence des institutions municipales se faisait pressentir. Alors les jurisconsultes étaient bien plus préoccupés de fixer les obligations que les prérogatives qui résultaient du droit de cité. Cependant il faut observer aussi que le plus souvent ces prérogatives municipales découlaient des lois et usages particuliers à chaque ville, et qu'il eût été difficile aux jurisconsultes d'en faire l'énumération.

A l'origine, le droit de cité conférait des droits d'une grande importance, ainsi le droit exclusif de participer à l'administration de la ville dans les assemblées populaires ou dans la curie, de parvenir aux magistratures municipales, *ad honores*. Mais, à la fin de l'empire, ces titres sont devenus des charges oppressives, et ce droit aux honneurs, loin d'être mis en avant, est éludé autant que possible par ceux non plus au profit desquels, mais contre lesquels il existe[1].

---

[1] Savigny, *Histoire du droit au moyen âge*, tome I, § 8.

DES MUNICIPAUX.

Les citoyens d'une ville sont ceux qu'on nomme municipaux, *municipes* ou *municipales*.

La dénomination de *municipes* eut deux sens, correspondant à deux époques différentes du régime municipal. La première est celle où certaines villes d'Italie ont, par un traité d'alliance, acquis dans les premiers temps de Rome le titre de *municipium ;* la seconde, celle où le titre *municipium* est devenu général, s'applique à toutes les villes et est synonyme de *civitas*, *oppidum*[1]. Alors le mot *municeps* est synonyme d'habitant d'une ville quelconque.

La définition que nous donne Aulu-Gelle des municipaux (16,13) se rapporte à la première époque : « Municipes sunt cives Romani ex municipiis, legibus suis et suo jure utentes, muneris tantum cum populo Románo honorarii participes (a quo munere capessendo appellati videntur), nullis aliis necessitatibus, neque ulla populi Romani lege adstricti. »

La définition de Cujas (VIII, 641 A. et B.) correspond à ces deux époques : « Municipes sunt qui in eodem municipio nati sunt.» (Loi 228, *verb. sign.*): «Municipes proprie sunt qui muneris cum populo Romano participes sunt; qui muneribus civitatis Romanæ fungi possunt, qui ita recepti sunt in civitatem Romanam ut possint Romæ muneribus publicis fungi, ii sunt proprie

---

[1] Savigny, tome VIII, § 352, p. 56.

municipes, ita dicti a muneribus capiendis. » — Sont
donc « municipes proprie dicti qui muneribus cum populo Romano participes sunt. — Improprie autem municipes sunt qui in eodem municipio nati sunt, licet
munerum cum populo Romano societatem nullam
habeant. »

A l'origine, ceux qu'on nommait proprement *municipes* (Cujas, V, 125, A.) étaient ceux qui supportaient
les charges d'une cité romaine. Ces citoyens romains
des municipes participaient avec le peuple romain aux
fonctions publiques et aux charges, mais restaient
gouvernés par leur Droit et leurs lois propres, et
n'étaient nullement soumis aux lois du peuple romain,
à moins qu'ils ne fissent partie d'un *populus fundus* :
c'est qu'alors ils avaient abdiqué leurs institutions et
leur Droit particuliers pour adopter l'autorité et les
lois de Rome.

C'est cette modification dans le sens du mot *municeps* que nous retrouvons encore signalée dans la
loi 1, § 1, *ad munic.* Ulp. « Proprie municipes appellantur muneris participes, recepti in civitatem, ut
munera nobiscum facerent ; sed nunc abusive municipes dicimus suæ cujusque civitatis cives. » Ainsi,
selon Cujas (I, 884, D.), au temps où parle Ulpien, les
municipaux sont des hommes libres qui sont originaires de la même ville, bien qu'ils ne participent pas
aux charges avec le peuple romain, condition nécessaire autrefois pour avoir la qualité de municipal.

C'est la naissance qui, à proprement parler, confère

la qualité de *municeps :* le fils d'un Campanien est *municeps Campanus*, il a là une qualité indélébile ; ses enfants seront aussi campaniens, et cette qualité, qui résulte de l'origine, passe avant toute autre ; ni l'émancipation du père, ni l'adoption faite par un *municeps* d'une autre cité, n'y peuvent rien changer, loi 17, § 4, *ad mun.* Ce n'est que par analogie qu'on admet que l'adoption et l'affranchissement font des *municipes :* l'affranchi suit l'origine de son patron, l'adopté celle de l'adoptant, et il y a là pour eux presque une seconde naissance. Ælius Gallus définit ainsi celui qui acquiert la qualité de municipal par affranchissement : « Municeps est qui in municipio a servitute se liberavit a municipe. » Cuj., IV, 852, A.

M. de Savigny [1], se plaçant au temps où le mot de *municeps* a pris un sens général, nous dit qu'il désigne tout citoyen d'une ville quelconque, sans distinguer s'il s'agit d'un *municipium* proprement dit, d'une *civitas* en général ou d'une ville de colonie. Le mot *municeps* est devenu d'une acception aussi générale que le mot *civitas.*

On s'explique comment le nom de *municeps* ne fut pas conservé aux seuls habitants des villes municipales proprement dites, car alors, pour désigner les habitants d'une ville quelconque, en eût été réduit à employer la dénomination de *cives* pour correspondre à *civitas.* Mais cette expression de *civis* était déjà employée dans

[1] Savigny, tome VIII, § 352, p. 55.

un sens propre, par opposition aux *Latini* et aux *peregrini*, et s'en servir pour désigner les citoyens d'une
ville, c'eût été donner lieu à de nombreuses équi-
voques. Néanmoins, plus tard, nous trouvons le mot
civis employé comme synonyme de *municeps*, loi 1, § 1,
ad mun.; et loi 7, *de incolis*, Code, X, 39. Ainsi donc,
municeps est devenu la désignation générale de quiconque avait le droit de cité dans une ville autre que
Rome, c'est-à-dire de tous ceux qui appartenaient à
une commune urbaine, leur *origo* ou *patria*.

Chaque individu, en principe, est donc rattaché par
un lien de dépendance à une *patria*, à une ville originaire. Ce lien de dépendance reçut une extension
considérable par deux actes d'une grande importance
en cette matière :

1° Par la loi *Julia municipalis*, qui donna le droit
de cité romaine à l'Italie entière;

2° Par la constitution d'Antonin Caracalla, qui
donna le droit de cité à tous les sujets de l'empire.

Il en résulta que tous les habitants, qui déjà avaient
un ou plusieurs droits de cité, en acquirent un de
plus, celui de la ville de Rome. Alors on comprend les
paroles de Cicéron parlant des Italiens après la *lex
Julia*, *de legib.* II, 2 : « Omnibus municipibus duas
esse censeo patrias, unam naturæ, alteram civitatis...,
habuit alteram loci patriam, alteram juris. » Et plus
tard celles de Modestin, qui, après la constitution Antonine, dit, loi 33, *ad munic.* : « Roma communis nostra
patria est. » Du reste, cette concession du droit de

cité avait été amenée par le progrès de la civilisation romaine et était un pas de plus vers cette unité politique que les empereurs eurent toujours en vue. Le droit de cité romaine avait été accordé déjà à bien des villes et à des contrées entières par les prédécesseurs de Caracalla. Celui-ci acheva leur œuvre en généralisant cette faveur, dans laquelle il trouvait aussi son avantage; il étendait ainsi à tout l'empire l'impôt sur les affranchissements et les successions, impôt qui ne frappait que les seuls citoyens romains.

Les conséquences de cette constitution Antonine, nous dit M. de Savigny, n'ont pas un intérêt bien grand au point de vue qui nous occupe : ce droit de cité romaine concédé à tout sujet libre de l'empire n'imposait pas des charges municipales aussi pesantes que dans les autres villes ; les dépenses étaient défrayées autrement. Puis, quant à la juridiction de la ville de Rome, à laquelle tous ces nouveaux citoyens romains se trouvaient soumis (*forum originis*), elle ne leur était appliquée qu'avec de grandes restrictions. Ces étrangers à la ville de Rome, en réalité, ne pouvaient y être assignés qu'autant qu'ils s'y trouvaient accidentellement, et alors ils avaient de nombreuses exceptions à opposer et généralement comprises sous le nom de *jus revocandi domum*, loi 28, § 4, *ex quib. caus.*, IV, 6 ; loi 2, § 5 et 6 ; et lois 24-28 *de Jud.*, V, 1. — Enfin, il est bien certain que chaque ville conserva son droit spécial et local, et que les habitants des cités autres que Rome ne furent pas soumis au Droit de la ville souveraine.

On pourrait donc dire qu'aussitôt après la constitution Antonine, tous les sujets romains pouvaient être appelés indistinctement *cives* ou *municipes*, que ces deux mots n'ont plus un sens juridique différent. Mais cette division des habitants de l'empire en *cives*, *Latini* et *peregrini* subsiste même après Caracalla, par la raison que la loi de cet empereur ne s'applique qu'au sujets actuels de l'empire, et non aux peuples soumis et annexés postérieurement, ni aux nouveaux affranchis latins *juniens*. Ce n'est que sous Justinien que disparaissent ces affranchissements incomplets qui s'étaient maintenus jusqu'alors aussi bien pour ces esclaves affranchis incomplétement que pour leurs descendants, Code, VII, 5 et 6. Cependant, s'il reste après la constitution de Caracalla des personnes libres, soumises à l'empereur, qui n'avaient pas la qualité de citoyens, on peut dire que leur nombre va toujours en diminuant.

Pothier et Cujas établissent entre les municipaux une division en deux classes : les municipaux originaires ou nécessaires et les municipaux volontaires ou habitants, *incolæ*. Nous nous occuperons des municipaux originaires dans un premier chapitre ; dans un second, des habitants ou municipaux volontaires.

CHAPITRE PREMIER

ORIGO

Le lien qui unit la personne du citoyen est constitué par deux rapports de fait : l'*origo* et le *domicilium*.

L'*origo* est à proprement parler le lieu de la naissance, c'est la *patria* dans un sens restreint, l'*origo
patria*, la *germana patria* comme dit Cicéron. Voici la
définition que nous en donne Voët, *ad Pand.*, V, 1,
§ 91 : « Est autem originis locus, in quo natus est, aut
nasci debuit, licet forte re ipsa alibi natus esset, matre
in peregrinatione parturiente.» Ces mots, *nasci debuit*,
font allusion à cette règle que l'enfant suit toujours,
en principe, l'origine de son père, loi 6, § 1, et que le
lieu où il a pu naître n'a aucune influence juridique
si le hasard l'a fait naître ailleurs que dans la ville
dont son père est originaire : si le père est né à Rome,
il faut déclarer le fils Romain. Ce qui fait dire à Cujas :
« Patria igitur non est omne natale solum, sed natale
solum patris, » et ailleurs : « Proprie, patria, sive germana patria ea est ex qua pater naturalis naturalem
originem suam duxit, non ea ex qua originem nostram
duximus. Denique non ea in qua nati sumus, sed in
qua pater naturalis natus est. » IV, 855, B. Et encore
plus loin, IV, 857, A. : « Filius sequitur originem patris, non propriam, nisi in ea retineatur jure domici-

lii. » C'est là, du reste, une idée que nous allons développer plus longuement dans un paragraphe spécial.

SECTION PREMIÈRE. — *Comment s'acquiert la qualité de municeps.*

Il y avait à Rome quatre manières d'être ou devenir municipal originaire d'une ville ; nous en trouvons trois signalées dans la loi 1, *princ. ad mun : Nativitas, adoptio, manumissio,* et dans la loi 7, *de incolis,* au Code, X, 39, nous en trouvons une de plus : *Allectio.* Ainsi donc, quatre modes d'avoir ou d'acquérir le droit de cité : Naissance, affranchissement, adoption et enfin admission aux droits de bourgeoisie dans une ville.

§ 1er. — Nativitas.

Nous voyons la plupart du temps les mots *origo* et *nativitas* employés comme synonymes dans les textes. C'est en ce sens que Cujas dit : *Origo municipem facit.* La naissance est un fait où la volonté de l'individu n'entre pour rien et qui le rend municipal du lieu où il est né, si son père lui-même en est originaire. Loi 6, § 1. La naissance et la patrie paternelle ne peuvent se changer, quelle que soit la volonté d'une personne. Loi 4, *de munic. et orig.,* X, 38, C. C'est ordinairement sur la naissance que se fonde le droit de cité, et on l'appelle *jus originis.* Loi 6, *princ.,* § 1 et 3 ; lois 9, 15, § 5.

Quand l'origine des deux parents est différente, l'enfant suit en principe celle de son père. C'est ce que nous voyons, loi 1, § 2, *ad mun.* L'enfant né de père et mère campaniens est Campanien; si le père est Campanien et la mère d'un autre pays, de Pouzzoles par exemple, l'enfant suivra l'origine de son père et naîtra Campanien; aussi les expressions *origo* et *patria germana* sont synonymes, parce que c'est l'origine du père qui détermine celle de l'enfant, *patris originem unusquisque sequitur*, et il ne faut tenir nul compte de l'origine propre de l'enfant et du pays où il est né. C'est ce qui fait dire à l'empereur Philippe, loi, 5, Code, *de munic. et origin.*, qu'on peut contraindre les enfants à remplir les charges et dignités municipales dans la ville d'où leur père est originaire, et non dans la ville natale de leur mère, alors même qu'ils y seraient nés, à moins d'y être domiciliés.

Cependant, cette règle que l'enfant prend la même origine que son père n'est pas toujours absolument vraie : certaines villes ou certains pays, en effet, avaient obtenu la faveur que leurs citoyennes, unies à des municipaux d'autres villes, conféreraient néanmoins à leurs enfants leur propre origine, de sorte que le fils d'une Troyenne, d'une Delphienne, d'une femme de la province du Pont naissait Troyen, Delphien, etc., bien que son père fût originaire d'un pays différent. Ces faveurs accordées à diverses villes avaient des motifs différents: ainsi, pour Troie, c'était que l'on attribuait à cette ville la gloire d'avoir été le berceau et l'origine des premiers Romains. Cujas nous dit même que sous Claude ce privilége alla jusqu'à

dispenser les Troyens de toute charge publique [1].
Delphes devait sa faveur à son antique célébrité et à
son oracle. Les habitants du Pont avaient reçu ce privilége, pour les femmes, de Pompée, sans que la cause
de cette faveur soit connue aujourd'hui. — Certains
auteurs voulaient que ce privilége accordé aux villes
ne s'appliquât qu'aux enfants nés hors mariage, *vulgo
quæsiti*. Cette décision n'est pas admissible, car nous
ne voyons plus alors en quoi consisterait ce privilége,
puisque tout naturellement en s'en tenant aux principes écrits dans la loi 9, *ad munic.*, nous devons décider que l'enfant *vulgo quæsitus* prend l'origine de sa
mère du jour où il est né, par la raison bien simple
qu'il ne peut suivre l'origine de son père inconnu, et
que n'étant rattaché à la société que par sa mère,
c'est d'elle seule qu'il doit tenir la condition et la
place qu'il y occupera. Du reste, en cela la loi 1, § 2, et
la loi 9, *ad mun.*, ne font qu'appliquer les principes
généraux à la condition des enfants *vulgo quæsiti*, qui
suivent toujours la condition de leur mère. Il faut
donc décider avec Celse et Ulpien que ce privilége
s'applique aux enfants légitimes dont la mère seule
est originaire de la ville à qui cette faveur a été con-
cédée, et non pas seulement aux bâtards, à l'égard
desquels ce privilége n'aurait aucun sens.

Notre texte, loi 1, § 2, soulève une petite difficulté :
l'enfant né d'une mère appartenant à une de ces villes

---

[1] Tacite, XII. — Strabon, XIII. — Suétone, *sur Claude*.

privilégiées n'a-t-il que l'origine de sa mère, ou bien a-t-il en même temps l'origine paternelle? Je suis porté à penser, comme M. de Savigny, que cet enfant a en même temps les origines différentes de ses deux parents, car lorsqu'il s'agit de privilége, il faut en restreindre la portée au texte même, et s'efforcer de le concilier avec les principes. Or, en principe, l'enfant légitime suit l'origine de son père, et rien n'empêche une personne d'être originaire de plusieurs villes à la fois, comme nous le verrons plus tard, lois 7 et 27, *princ.*

Outre cette différence entre les enfants légitimes et les bâtards, que les premiers seuls suivent l'origine de leur père, il faut remarquer que l'enfant légitime acquiert l'origine paternelle du jour de sa conception, tandis que le *vulgo conceptus* ne suit l'origine et la condition de sa mère que du jour de sa naissance : « Eoque die, quo ex ea editus est. » Loi 9.

L'homme qui est né dans un bourg ou un village dépendant du territoire d'une ville est considéré avoir pour patrie cette ville, y être né, et il en est municipal et citoyen. Loi 30, *ad mun.*

Ainsi, la principale manière d'être municipal d'une ville est d'en être originaire par naissance. Les deux autres modes sont en quelque sorte une dérivation de la naissance, car l'affranchissement est une sorte de naissance à la liberté, et l'adoption une fiction de naissance et des liens de parenté entre deux individus qui ne descendent point l'un de l'autre. On traite comme nés dans la ville ceux qui sont inscrits justement et légalement sur les tables du cens de cette ville, malgré leur origine étrangère.

§ II. — Affranchissement.

L'affranchissement est une manière de devenir *municeps* d'une ville. Ælius Gallus nous dit du municipal originaire par affranchissement : « Municeps est qui in municipio a servitute se liberavit a municipe. » L'esclave affranchi ne peut avoir aucun droit de naissance, puisque ce droit ne peut être transmis que par les père et mère et que ceux de l'affranchi n'en ont pas eux-mêmes. L'affranchissement devait donc donner au nouvel homme libre pour droit de cité celui du patron manumisseur, et cet affranchi transmettait ensuite son origine à ses enfants. Loi 6, § 3, *ad mun.* Les enfants, en effet, suivant l'origine de leur père, doivent avoir la même origine que le patron de leur père affranchi : Loi 22, *ad mun.*; ainsi l'affranchi d'un Campanien est Campanien, lui et ses enfants. C'est aussi ce que nous dit Ulpien, loi 27, *princ. ad mun.* Les affranchis restent citoyens de la ville qu'a déterminée l'affranchissement, bien qu'ils n'y soient peut-être pas domiciliés : l'affranchi devient municipal de la ville dont son patron est originaire, et sans être tenu d'avoir le même domicile, il a forcément la même patrie que lui. Comme l'affranchi suit l'origine de son patron, si par hasard le patron a une origine double, l'affranchi aura aussi cette double origine. Loi 27, *princ. ad mun.* Nous avons admis, en effet, que l'enfant légitime d'une mère troyenne, delphienne, etc. (loi 1, § 2) avait les origines du père et de la mère. Nous devons admettre encore que l'affranchi peut avoir plusieurs origines, s'il appartient à plusieurs maîtres copropriétaires qui l'ont tous affranchi, loi 7. Je dis *tous*, parce que, dans l'ancien droit, si l'un ou quelques-uns d'eux seulement avaient donné la liberté à l'esclave, cet affranchissement partiel n'eût profité qu'aux autres maîtres par l'effet du *jus adcrescendi*. Justinien améliora le sort des esclaves ainsi affranchis partiellement, en leur permettant de forcer les maîtres qui ne consentaient pas à les affranchir gratuitement à recevoir un prix de rachat et à leur donner une liberté complète.

L'esclave qui a été affranchi par fidéicommis a pour patron le fiduciaire à qui le soin de l'affranchissement a été confié, et suit l'origine de ce patron et non du maître qui est mort en lui assurant la liberté dans son testament, loi 17, § 8. C'est donc à cette origine du manumisseur qu'on devra se reporter pour savoir dans quelle ville l'affranchi nouveau devra s'acquitter des obligations qui incombent à tout citoyen d'une ville municipale, sera soumis aux charges et fonctions publiques. Loi 3, § 8, *de muner. et honor.* Dig., 1. 4. Dans le principe, il y avait eu doute sur cette question, nous dit Cujas : l'affranchi fidéicommissaire devait-il suivre l'origine du testateur qui lui léguait la liberté par fidéicommis ou celle du fiduciaire héritier ou léga-

taire qui avait effectué l'affranchissement? Car, le
plus souvent, celui qui a fait l'affranchissement fidéicommissaire n'est pas considéré comme le patron,
bien qu'en réalité il le soit. Aussi généralement on ne
le traite pas comme patron et il n'en a pas les droits,
par la raison qu'il n'a pas fait le don de la liberté,
mais qu'il n'a fait que se libérer d'une obligation.
Celui-là seul semble le patron, en droit civil, qui a
fait de l'affranchissement une libéralité et non l'ac-
quit d'une dette. Cependant, dans l'espèce, la loi 17, §8,
a admis que l'affranchi fidéicommissaire suivrait la
patrie de l'héritier ou légataire. On suppose que la
pensée du testateur, en ne donnant pas directement la
liberté à son esclave dans son testament, a été de lui
faire suivre l'origine du fiduciaire, de le lui donner
pour patron, et non d'en faire un *libertus orcinus*.

Cette disposition est confirmée par un rescrit de
Gordien au Code, loi 2, *de mun. et orig.*, X, 38. Un
esclave avait été affranchi en vertu d'un fidéicommis
par une femme originaire d'Aquitaine et demandait à
l'empereur quelle était sa condition : « Si la femme
dont vous me parlez, répond Gordien, vous a affranchi
à la suite d'un fidéicommis, la liberté qu'elle vous
donne vous rend Aquitain comme elle ; votre patronne
vous communique sa condition et sa cité ; les affranchis fidéicommissaires suivent, en effet, la condition
de ceux qui donnent la liberté et non de ceux qui la
leur laissent. »

Le droit de cité ne pouvait s'acquérir que par un

affranchissement complet, c'est-à-dire fait par l'un des trois modes du droit civil, *vindicta, censu, testamento*. Jusqu'à Justinien, les affranchis latins juniens et les déditices ne pouvaient pas être citoyens de la ville de leur patron, parce qu'ils n'avaient pas qualité de citoyens romains.

§ III. — Adoption.

Une troisième manière de devenir municipal d'une ville déterminée pour un *civis Romanus* est l'adoption faite par un citoyen de cette ville. C'est là une conséquence de l'introduction de l'adopté dans la famille de l'adoptant, qui lui en confère ainsi le nom, les dieux privés, *sacra privata*, et les priviléges. Dans le principe, l'adoption faisait passer complétement l'adopté dans la famille de l'adoptant, et celui-ci acquérait la *patria potestas* sur l'adopté. Mais, plus tard, Justinien ne conserva cet effet entier à l'adoption, qu'autant qu'elle était faite par un ascendant ; faite par un étranger à la famille, elle ne modifiait en rien la condition de l'adopté, si ce n'est qu'il acquérait un droit de succession *ab intestat* dans la succession de l'adoptant.

L'adoption avait aussi cet effet de rendre l'adopté citoyen de la ville originaire de l'adoptant, et par suite de l'obliger à y remplir les emplois et y à exercer les charges qui en étaient la conséquence. Néanmoins, l'adopté conservait son origine propre et se trouvait par là même dans la nécessité de remplir aussi dans sa ville originaire les fonctions et charges publiques, loi 15, § 3, *ad mun.*

Ainsi l'adopté se trouve dans l'obligation de satisfaire aux charges municipales dans deux villes. L'adoption ne change pas la cité, ne modifie en rien les obligations auxquelles l'adopté est soumis à raison de son origine ; elle ne fait qu'ajouter une patrie civile à la patrie naturelle, *additur, non mutatur patria,* loi 7, C., *de adopt.*, de telle sorte que l'adopté est forcé de remplir les charges de ses deux patries, la sienne propre et celle de son père adoptif; il cumule les obligations de citoyen dans les deux cités, comme s'il était né dans les deux à la fois : *civem non tantum origo facit, sed etiam adoptio.* Les obligations contractées envers la patrie adoptive ne le libèrent pas vis-à-vis de l'autre, *civilis ratio non potest corrumpere jus naturale, originis et sanguinis.*

Le droit de la naissance, avons-nous dit, n'est nullement entamé par l'adoption, et l'adopté, tout en suivant l'origine de son père adoptif, conserve la sienne. Ce qui a fait décider que le fils gardait ainsi sa *patria germana,* c'est que si l'adoption eût fait perdre la patrie naturelle, il eût été possible pour chacun de se faire adopter en fraude de sa cité et de se soustraire ainsi aux charges de sa patrie originaire. L'adoption doit donc être exempte de fraude, et elle est frauduleuse si elle a été faite dans le but de changer la cité à laquelle on est attaché par son origine et de se dispenser des *munera civilia,* loi 17, § 9, *ad mun.* L'adoption

doit avoir un seul motif et un seul effet : changer la
famille. C'est à ce propos que Cicéron, *Pro domo sua*,
nous dit : « In adoptione neque calumniam, neque
dolum, neque fraudem adhibendam esse. » L'adoption
est frappée à l'avance d'un soupçon de fraude relativement à l'obligation aux charges municipales; voilà
pourquoi on décida qu'elle ne les faisait pas disparaître,
qu'il y avait cumul des obligations envers les deux
villes et non substitution entre elles.

Cette prévention de fraude de la part de celui qui
se donne en adoption, et qui lui fait conserver l'origine
de son père naturel, reparaît-elle quand il s'agit de
l'enfant né de ce fils adoptif après l'adoption? Cet
enfant suivra-t-il l'origine naturelle de son père ou
celle que lui a donnée l'adoption? Cujas (IV, 856, A)
nous donne une réponse à cette question qui me paraît
tout à fait en contradiction avec la loi 17, § 9. Il nous
dit que l'enfant né dans la famille adoptive suivra
seulement l'origine adoptive de son père, parce que le
soupçon de fraude ne peut pas naître contre cet enfant
né de l'adopté après l'adoption, et non pas donné,
attaché, annexé à la famille adoptive après sa naissance par l'adoption de son père. A l'appui de sa
solution, Cujas nous donne comme exemple analogue
ce qui se passe pour la femme mariée : celle-ci, à la
différence de la femme adoptée, perd son origine
qu'elle tenait de son père, au moins quant aux obligations municipales qu'avant son mariage elle devait
remplir dans sa ville originaire, parce que la femme

ne peut être accusée de se marier pour frauder sa ville des *munera* qu'elle lui doit.

Cette décision de Cujas me paraîtrait raisonnable, si tout son raisonnement ne venait pas se briser devant la possibilité de l'émancipation de l'adopté par l'adoptant. Du reste, elle est trop contraire pour que nous puissions l'admettre, au texte de la loi 17, § 9, où il est dit formellement qu'Antonin le Pieux a déclaré que l'enfant né dans la famille adoptive, tout comme l'enfant qui est né avant l'adoption, doit remplir aussi les *munera civilia* dans la ville dont son aïeul naturel est originaire, quand bien même il n'y aurait pas place à un soupçon de fraude dans l'adoption. La loi 5, C., *de mun. et origin.*, X, 38, est conçue dans la même pensée.

Comme nous venons de le voir, on assimile presque l'adoption à la naissance pour décider qu'elle oblige l'adopté à satisfaire aux charges civiles de la ville dont l'adoptant est citoyen. Mais il y a une différence fondamentale à retenir entre l'origine qui nous est attribuée par la naissance et l'affranchissement d'une part, et de l'autre par l'adoption : c'est que l'origine qui résulte de l'adoption n'est pas tout à fait définitive, incommutable ; l'émancipation de l'adopté par le père adoptif a pour conséquence de faire disparaître tous les effets de l'adoption, et en particulier de faire perdre à l'émancipé l'origine que lui avait conférée l'adoption ; il cesse d'être citoyen de la cité de l'adoptant, et les choses sont remises en l'état où elles étaient avant l'adoption. Loi 16, *ad mun*.

Si l'émancipation provenait d'un père naturel, elle ne produirait pas des effets aussi complets : le fils naturel émancipé conserverait son origine et la cité dont il est citoyen par naissance et que rien ne peut lui enlever.

Ainsi, malgré l'émancipation faite par le père naturel, nous voyons qu'il subsiste quelques restes qui ne peuvent disparaître, parce qu'ils ont leurs racines dans la réalité des liens qui unissent le père au fils : mais les liens résultant de l'adoption n'étant que fictifs, de droit civil et non naturel, s'effacent complétement par l'émancipation, à l'exception toutefois des prohibitions matrimoniales : par exemple, un père adoptif ne pourra émanciper sa fille dans le but de contracter mariage avec elle ; de même pour la veuve du fils adoptif, etc. Les lois romaines ont voulu par là protéger la morale publique.

§ IV. — Allectio.

Nous avons vu dans les trois paragraphes précédents comment on peut être et devenir *municeps originarius*. Dans celui-ci nous nous occuperons de la manière dont on peut être *municeps voluntarius*, c'est-à-dire de l'*allectio*, ou admission aux droits de cité et de bourgeoisie.

Ce n'est qu'au Code, loi 7, *de incolis...*, X, 39, que nous voyons signalé ce mode de devenir municipal. La loi 1, *princ. ad mun.*, n'en parle pas dans son

énumération. Nous lisons, loi 7, C. : « Cives origo, manumissio, allectio vel adoptio facit. » Ces mots *allectio
vel adoptio* indiquent bien deux modes distincts de
devenir citoyen d'une ville. Nous voyons dans Cujas
(II, 737) que quelques textes donnent *allectio, id est
adoptio*, ce qui porterait à décider que l'*allectio* et l'*a-
doptio* ne faisaient qu'une seule et même manière de
devenir citoyen. D'autres textes disent *allectio atque
adoptio*, mais Cujas s'en tient à la première version et
voit dans l'*allectio* et l'*adoptio* deux manières de devenir municipal.

Nos sources ordinaires nous donnent peu de renseignements sur l'*allectio*. M. de Savigny nous dit que
c'est une quatrième manière de devenir municipal
qui résulte de la volonté de l'individu et de son admission aux droits de bourgeoisie et de cité : c'est son *ad-
scriptio in numero civium*.

M. de Savigny admet, bien que les textes formels
manquent, que le droit de cité pouvait être conféré
par la volonté libre des magistrats municipaux : de
même ces magistrats pouvaient l'enlever. Ainsi le droit
de cité pouvait disparaître autrement que par la volonté de ceux qui en étaient investis, et les magistrats
municipaux devaient pouvoir prononcer aussi bien
l'expulsion que l'admission d'une personne dans la
cité.

Nous ignorons, du reste, quelle était l'autorité compétente pour prononcer cette *allectio*, à quelles conditions et dans quelles formes elle devait avoir lieu.

Nous voyons, en résumé, qu'il y avait quatre manières d'être ou de devenir municipal d'une cité, et que n'étant pas exclusives les unes des autres, il pouvait se trouver que par naissance ou affranchissement; adoption ou admission aux droits de cité, un même individu fût citoyen de plusieurs villes. Cujas (V, 618, E) nous dit que l'on peut trouver un cas où l'on compte jusqu'à cinq patries à la même personne, et supposant une femme mariée, énumère ainsi les cinq patries qu'elle peut avoir : Patrie de naissance, *patria adscititia per allectionem*, patrie du mari, patrie du patron et enfin patrie de l'adoptant. Il me semble que cette énumération de Cujas n'est pas très-exacte, ou bien qu'il prend le mot *patria* dans un sens autre que celui que nous lui avons donné restrictivement en traitant la matière de l'*origo*. Il nous semble bien, en effet, qu'il est difficile de trouver un cas où l'on ait à la fois une origine municipale personnelle et propre, et en même temps une origine qu'on tienne d'un patron par suite d'un affranchissement. Si, en effet, nous supposons qu'il s'agisse d'une femme affranchie, son état antérieur d'esclavage lui a empêché d'avoir une naissance civile qui lui donne droit à la qualité de citoyenne d'une ville quelconque. Puis, il nous semble bien aussi que la femme mariée conserve son origine propre et ne prend pas celle de son mari, loi 1, § 2, 58, § 3, *ad mun.*, mais seulement son domicile, ce qui l'oblige à remplir les fonctions municipales dans la ville où habite son mari, en qualité d'*incola* et non de citoyenne. Enfin l'énumération de Cujas ne nous paraît pas complète, car si nous nous plaçons après la constitution Antonine, nous pouvons compter une *patria* de plus pour chacun des citoyens romains, la ville de Rome : Modestin, loi 33, *ad mun.*, nous dit : *Roma communis nostra patria est.*

S'il est possible d'être municipal de plusieurs villes, on peut aussi trouver des individus qui ne sont municipaux d'aucune cité. Nous donnerons comme exemple un étranger qui aurait été admis à résider dans l'intérieur de l'empire, et encore les déditices, qui n'appartenaient à aucune commune urbaine, Ulp. Frag. XX, § 14, ce qui les empêchait de tester ; car dans l'empire romain, chaque citoyen d'une ville devait faire son testament suivant les règles et le droit spécial auquel il était soumis, à raison de son domicile ou de son origine : « Secundum leges civitatis suæ testari debetur. »

SECTION II. — Preuve de l'origine municipale.

La preuve de l'origine municipale résulte des circonstances et des faits, et pour savoir si une personne est réellement municipal ou citoyen d'une ville, ce n'est pas seulement à la similitude du nom de cette personne avec celui de l'individu qu'on recherche qu'il faut s'arrêter. Loi 38, § 5, *ad mun.*

Les magistrats devant qui se portait la décision de la question d'origine étaient les présidents des pro-

vinces et non les magistrats municipaux. La sentence
de ces derniers eût pu n'être pas exempte d'une complète impartialité, et pour s'attribuer l'honneur ou le
profit de compter parmi les citoyens de la ville où ils
exerçaient leurs fonctions un individu puissant ou riche,
ils se fussent peut-être contentés de preuves insuffi-
santes sur sa véritable origine. De là serait né infail-
liblement des conflits entre ces différentes villes,
réclamant comme leur citoyen un même individu et
contestant à d'autres le droit de lui reconnaître la
même qualité. Il fallait donc que cette question fût
vidée par un magistrat d'un ordre supérieur, et sous
l'empire c'était aux présidents des provinces qu'incombait cette mission. Les duumvirs, en effet, n'ont
de compétence que sur le territoire de leur cité, tandis que les présidents de province ont sous leur juridiction et leur administration non pas seulement un
territoire de cité, mais plusieurs territoires, plusieurs
municipes compris dans les limites de leurs provinces.
Ils connaissaient donc des affaires relatives aux droits
des cités sous forme de *cognitiones extraordinariæ*,
instances, procès (*spectiones*, *judicationes*, dit Cujas)
dans lesquels le magistrat ne pouvait déléguer à un
juge pris sur l'album le pouvoir de rendre en son
nom la sentence. Ces questions de municipalité devaient être vidées par le président lui-même, chargé
de veiller aux besoins et aux droits des cités de sa
province. Loi 37, *ad mun.*

L'origine ne varie pas et ne se change pas à volonté,

4

loi 4, *de munic. et orig.* C. X, 38. C'est généralement
un fait incommutable. Si donc une personne se donne
une fausse origine, même par erreur, cela n'entame
nullement la réalité des faits : l'origine de la naissance ne peut être perdue ainsi par suite d'une erreur.
De même, le mensonge de celui qui s'attribuerait une
patrie différente de la sienne, ou refuserait de reconnaître pour sienne celle qui l'est sûrement, serait
impuissant à modifier sa véritable origine. Loi 6, *princ.*
ad mun.

La fixation du domicile dans un lieu autre que celui dont on est originaire n'apporte aucun changement au droit d'origine ; il ne fait qu'engendrer de
nouvelles obligations à remplir au lieu du domicile.
Loi 1re, *de munic. et orig.* Code.

La dignité sénatoriale ne fait pas perdre l'origine
ni même le domicile ; seulement le sénateur a aussi
Rome pour domicile, ce qui le dispense des charges
municipales de sa ville, tout en conservant la qualité
de citoyen de cette ville et son origine. Loi 11, I, 9,
Dig., de Senat. De sorte que s'il affranchit des esclaves
après avoir été élevé à la dignité de sénateur, ces
affranchis prendront son origine et deviendront municipaux de la ville à laquelle appartient toujours
leur patron sénateur. Loi 23, *ad mun.*

Les enfants des deux sexes d'un sénateur et les
petits-enfants nés des fils sont, ainsi que leur père ou
ascendant, exemptés des charges municipales dans
leur ville originaire, bien qu'ils conservent néan-

moins le titre et la qualité de citoyens de cette ville.
Loi 22, § 5.

Perte de la qualité de municipal originaire. — Les cas
en sont rares : cependant on en trouve quelques-uns.
Avant toùt, nous citerons un cas que nous avons déjà
rencontré à propos de l'acquisition d'une origine par
l'adoption. Nous avons vu que cette origine se perdait
par l'émancipation qui détruisait tous les biens civils
qu'avait produits l'adoption. Nous trouvons un second
cas de perte de l'origine : c'est celui où un citoyen est
prisonnier chez l'ennemi ; tout le temps de son absence, il est traité comme mort du jour de sa disparition ; mais s'il revient dans sa patrie, il recouvre tous
ses droits par l'effet du *postliminium*. Il est dès lors
soumis aux obligations municipales envers sa ville
originaire, lors même qu'il aurait fixé sa résidence
sur les confins d'un autre ville. Loi 17, § 6, *ad mun.*
Ainsi, pour être appelé à remplir les charges civiles
de la cité dont il est originaire, le captif de retour n'a
pas besoin de s'y être fixé ; Cujas croit qu'il est seulement nécessaire qu'il se soit établi dans les limites
de la province dont elle fait partie. C'est sans doute
parce que, se trouvant sur le territoire de cette province, il est soumis à la juridiction du président, dont
la compétence en matière d'obligations municipales
s'étend à toute la circonscription de sa province.

CHAPITRE II

DE DOMICILIO ET DE INCOLIS

La question du domicile marche de front avec celle de la cité locale à laquelle on appartient, dont on est *civis municeps*, citoyen par naissance, adoption, affranchissement ou autrement. Ces deux questions sont intimement reliées par les effets communs que produisent l'origine et le domicile ; ce sont les mêmes charges municipales, la même juridiction, le même droit particulier et local, auxquels sont soumis les citoyens municipaux originaires et les habitants municipaux volontaires d'une même cité.

L'importance du domicile a subi les mêmes variations que celles de l'origine. Sous la république et la première partie de l'empire romain, les villes ne jouissaient pas des mêmes priviléges, n'étaient pas dans une même condition juridique, n'avaient pas un droit local uniforme, une distribution égale dans les droits de cité romaine. Il est facile de comprendre comment alors il y avait un intérêt considérable à être citoyen ou habitant de telle cité plutôt que de telle autre.

La constitution d'Antonin Caracalla conféra la qualité de citoyen romain à tous les sujets de l'empire, et fit disparaître ainsi en grande partie l'intérêt qu'avaient l'origine et le domicile, avant cet acte d'unification dans la condition civile, politique et juridique des personnes : *Roma communis patria est.* C'est Rome qui devient la patrie commune, c'est son droit qui est accordé à tout l'empire et règne sur toute son étendue. — Cependant, même après la constitution antonine, la détermination de la cité locale et du domicile servent encore à savoir où chaque personne doit remplir les charges publiques, payer l'impôt personnel, à connaître quelle juridiction locale doit être saisie des procès qui surgissent entre particuliers. Puis, la constitution de Caracalla, qui donna l'égalité de droits à tous les sujets de l'empire, ne l'accorda pas à tous les territoires, et le territoire de telle ville ou telle province jouissait du *jus Italicum*, du droit de propriété quiritaire, tandis que la cité ou province voisine n'avait pas encore reçu la concession de cette faveur.

Du reste, il ne faut pas s'y méprendre, l'importance du domicile était bien moindre que celle de l'origine. Dépendant, en principe, de la seule volonté de la personne, le domicile n'avait pas le même caractère d'invariabilité que l'origine : aussi ne faisait-il pas acquérir de droits véritables, il ne procurait que certains avantages de fait, certaines prérogatives pratiques, qui n'avaient de durée et d'existence que par le fait même du domicile : Loi 27, § 1, *ad mun.* « Si quis in illo municipio vendit, emit, contrahit, et in foro, balneo,.... omnibus denique commodis fruitur, ibi magis domicilium habere. »

SECTION PREMIÈRE. — *Du domicile.*

§ Ier. — Définition.

Les définitions du domicile ne nous manquent pas :
nous en trouvons partout, au Code, au Digeste ; chaque auteur propose la sienne. — Voici celle du Code,
qui donne les principaux signes distinctifs du domicile : elle est contenue dans une loi de Dioclétien et de
Maximien, Loi 7, C. X, 39. « .... Singulos habere domicilium non ambigitur ; ubi quis larem rerumque et
fortunarum suarum summam constituit ; unde rursus
non sit discessurus, si nihil avocet ; unde cum profectus est, peregrinari videtur ; quod si rediit, peregrinari jam destitit. »

Doneau (Liv. XVII, Chap. xii,) ne s'en contente pas ;
ces expressions : « Sedem rerum suarum constituit,
— inde non sit discessurus si nihil avocet, etc., » lui
paraissent vagues et incomplètes, il trouve qu'elles ne
font pas assez ressortir ce qu'est *sedes constituta*, et finit
par proposer cette définition : « Locus in quo quis habitat *eo animo*, ut ibi *perpetuo* consistat, nisi quid
avocet. »

Au Digeste, la loi 203, *Verb. sign.*, nous donne aussi
une sorte de définition du domicile. Le jurisconsulte
Alfenus répond à cette question : « Quid est domum
ducere ? Eam domum unicuique nostrum debere existimari, ubi quisque sedes et tabulas haberet, suarumque rerum constitutionem fecisset. »

Enfin Cujas nous dit qu'une personne a son domicile, « ubi sedem bonorum et fortunarum suarum collocavit, ubi bona propria habet; » et ailleurs (T. V,
1148, C.) : « Domicilium cujusque ubi est, ubi larem
fovet, ubi sedes et tabulas rationum suarum habet,
ubi rerum ac fortunarum suarum summam constituit,
ubi assidue versatur, negotiatur, ubi majorem suo-
rum bonorum partem habet, ubi festos dies agitat,
utitur foro, balneo, spectaculis. » C'est un peu la reproduction de la loi 27, § 1. On voit que toutes ces
définitions se ressemblent et nous donnent en somme
une idée suffisamment précise de ce qu'est le domicile.

Nous dirons donc, en résumé, que le domicile est le
siége légal, le siége juridique d'une personne; c'est
là qu'aux yeux de la loi, elle est ou censée être pour
certaines applications du droit. Le domicile est un de
ces faits que la loi crée et tient pour existants, d'après
certaines circonstances, qu'ils le soient ou ne le soient
pas[1]. Ainsi, par exemple, une personne a dans un
lieu son principal établissement, elle y a fixé sa demeure, ses intérêts, sa famille, elle y accomplit ces
actes quotidiens de la vie, elle y achète, vend, con-
tracte, etc. Voilà des circonstances suffisantes pour faire
décider qu'elle y a son domicile, et dès lors, qu'elle y
soit ou n'y soit pas, peu importe : si elle est absente,
ce n'est que momentanément, ou si son absence se

[1] Ortolan, *Inst. exp.*. tome I, p. 402.

prolonge, néanmoins son domicile la représente jusqu'à un certain point; et pour l'exercice des droits qu'elle a ou qu'on peut avoir contre elle, elle est toujours censée y être et on peut agir en conséquence, assigner devant le juge de son domicile pour y défendre, l'appeler aux fonctions et aux magistratures municipales, etc.

Les autres circonstances qui, à défaut d'établissement principal, font présumer la fixation du domicile d'un individu dans un lieu déterminé, ce sont sa naissance , son affranchissement , une résidence prolongée [1] , la convention des parties, une déclaration faite à l'avance de choisir tel lieu pour domicile.

Ainsi, on peut définir le domicile en droit romain, comme le Code Napoléon l'a fait pour le droit français: Il est au lieu où une personne a son principal établissement; — c'est le siége, la demeure qu'une personne est censée toujours avoir aux yeux de la loi pour l'exercice ou l'application de certains droits. C'est le lieu où quelqu'un réside constamment, qu'il a choisi librement comme centre de ses affaires et de ses rapports de droit ; où il compte rester et se fixer pour toujours, si rien ne l'appelle au dehors et ne lui fait changer de volonté. Ce séjour constant n'exclut pas une absence momentanée, ni un changement ulté-

---

[1] Cic., *pro Archia poeta* : « An domicilium in Italia habuit is qui tot annis ante civitatem datam, sedem omnium rerum, ac fortunarum suarum Romæ collocavit. »

rieur ; il y a domicile dans un lieu tant que, d'intention et de fait, on n'a pas changé de résidence pour en choisir une autre où on veuille se fixer complétement : *Destinatio animi domicilium facit.*

§ II. — Caractères distinctifs du domicile.

Ce qui distingue donc bien le domicile de la résidence, ce sont ces deux circonstances : l'habitation dans un lieu et l'intention ferme d'y rester d'une manière fixe et perpétuelle. Si, au contraire, une personne vient dans un endroit avec l'intention de n'y demeurer qu'un certain temps plus ou moins prolongé, il n'y a plus là un des éléments constitutifs du domicile, l'intention de se fixer une demeure continue. Dans ce séjour temporaire, il ne faut plus voir qu'une résidence qui, si prolongée qu'elle soit, ne peut constituer un domicile. Loi 2, 3, 4 C., *de incolis;* loi 17, § 3, *ad mun.*

Nous venons de dire que les signes distinctifs du domicile sont l'habitation d'un lieu et l'intention de s'y fixer.

1° *L'habitation.* — Sans elle, pas de domicile. Aussi, la simple qualité de propriétaire d'une ou plusieurs maisons dans une ville n'entraîne-t-elle pas celle de domicilié comme conséquence. On peut, en effet, très-bien être propriétaire de maisons, sans les habiter, et c'est le fait d'habitation, de fixation de demeure que nous devons considérer, quand nous voulons trancher la question de domicile. On ne pourra donc pas poursuivre devant les magistrats locaux une personne par cela seul qu'elle a des propriétés bâties dans la ville qui relève du ressort de ces magistrats. C'est ainsi que Papinien nous dit que la seule possession de biens ne donne pas pour patrie et pour domicile au possesseur le lieu de la situation de ces biens : « Sola domus possessio quæ in aliena civitate comparatur, domicilium non facit. » Loi 17, § 13, *ad mun.*; loi 4, *de incolis*, Code. C'est dans le même sens et pour la même raison que nous voyons au § 5 de la même loi Papinien décider que la qualité de propriétaire dans le territoire d'une ville n'emporte pas de plein droit obligation aux charges civiles, pas plus qu'elle n'est nécessaire pour y être soumis. Loi 22, § 7. Ainsi, la seule possession ou propriété d'une maison ne rend pas habitant ou citoyen de la ville où elle est située; tandis qu'au contraire, dit Doneau, « ubi domicilium, ibi necesse est ut sit domus, non tamen propria, sed etiam aliena vel conducta, precaria aut gratuita. »

2° *Intention de se fixer*. — Outre l'habitation, il faut encore l'intention d'établir sa demeure dans le lieu qu'on a choisi, de telle sorte qu'on y ait à la fois et habitation réelle et demeure qui, à raison de sa continuité, doive devenir, dans l'intention de celui qui s'y fixe, le siége de ses affaires et de ses intérêts. Dès l'instant qu'apparaît l'intention de fixer son domicile dans un lieu, et qu'on s'y établit en réalité, on en devient habitant, on acquiert le titre d'*incola*, bien que peut-être on n'y ait pas la plus grande partie de ses biens ou même qu'on n'en ait pas du tout.

Cette intention d'établir son domicile dans un endroit déterminé résulte de deux circonstances, que Doneau exprime ainsi : « Ex muniis vitæ quotidianæ, quæ quis alicubi obeat, tum ex ordine et conditione personæ, » c'est-à-dire de l'accomplissement de ces actions quotidiennes de la vie que doit accomplir l'homme en quelque lieu qu'il soit, et de la position sociale et condition de la personne.

1° *Ex muniis vitæ.* — Ce sont ces actes que font les citoyens et les habitants du lieu où ils sont fixés. Exemple : une vie continuelle et habituelle dans ce lieu, la formation de contrats commerciaux ou autres, mais ayant une certaine importance, achats, ventes, etc. ; jouissance des promenades, bains et autres lieux publics et autres avantages, résultant d'un établissement sérieux et fixe dans la localité. Loi 27, § 1, *ad mun.*

2° *Ex conditione personæ :* Il peut se faire qu'une personne soit dans une position telle qu'elle doive rester nécessairement là où elle est. Ex. : Sénateur, soldat, relégué.

Nous venons de dire que l'intention de fixer définitivement sa demeure dans un lieu quelconque était un des éléments constitutifs du domicile. En effet, il est de principe que chacun est complétement libre d'établir son domicile, ses dieux Lares, sa famille et le centre de ses affaires là où bon lui semble. La constitution du domicile et les conséquences résultent de la volonté libre jointe à l'habitation réelle. Une manifestation d'intention, si formelle qu'elle soit, de fixer en un endroit son domicile, sans que cette intention soit mise à exécution, ne produirait aucun effet : « Domicilium re et facto transfertur, non nuda contestatione.» Loi 20, *ad mun.*

Après s'être établie dans un endroit, si, par des raisons quelconques, la même personne peut se fixer ailleurs, elle est libre de quitter complétement la localité où elle s'était fixée, pour aller dans celle qu'elle préfère et qu'elle a choisie nouvellement. Ce principe est écrit dans la loi 51, *ad mun.* : « Nihil impedimento est, quominus quis, ubi venit, habeat domicilium, quod ei interdictum non sit. » Pour l'origine, nous avons vu qu'il en était tout différemment, qu'on ne pouvait s'en dépouiller à son gré. Loi 4, *de mun. et orig.*, Code.

La liberté de la volonté est donc, en principe, une condition essentielle pour qu'il y ait domicile ; cette liberté fait partie des droits attachés à la personne et dont on ne peut être dépouillé que par une peine ou une diposition légale : aussi un legs qui aurait été fait sous la condition de translation de domicile serait considéréc comme fait sous une condition réputée non écrite, le legs serait pur et simple. Loi 71, § 2, *de condit.*, XXXV. 1.

Le changement de domicile, avons-nous dit, était à

Rome facultatif pour chacun : mais ce changement
n'avait lieu qu'à deux conditions : l'intention et l'exécution de cette intention ; une simple déclaration de
volonté n'était pas suffisante pour opérer la mutation
du domicile, car il eût été trop facile aux habitants
d'éluder frauduleusement l'obligation aux charges
publiques qui leur incombait à ce titre ; ils n'eussent
eu qu'à déclarer simplement, lorsqu'on les eût appelés
à remplir ces fonctions civiles, que leur intention était
de ne pas conserver plus longtemps leur domicile,
qu'ils en changeaient et voulaient aller se fixer ailleurs. Il paraît même (Cujas, V., 1148) que cette
liberté pour chacun de changer de domicile fut enta-
mée à une certaine époque. Dans la dernière période
de l'empire, nous voyons les empereurs exiger, de la
part de ceux qui veulent transférer leur domicile dans
une nouvelle localité, une permission que l'empereur
ne leur accorde qu'autant que tel est son bon vouloir.
Cette facilité dans la translation du domicile avait
amené des résultats déplorables à cause des dissen-
sions intestines auxquelles les villes étaient souvent
en proie : certaines cités se trouvaient alors désertées,
à leur grand préjudice, et aussi à celui de l'ordre général. Les empereurs défendirent donc de changer de
ville sans leur autorisation, et ainsi se trouva profondément atteinte la liberté du domicile, consacrée par
la loi 31, *ad mun*. Quand l'empereur accordait à quelqu'un la permission de transférer dans un autre lieu
son domicile, l'habitant qui, dans ces conditions, quit-

tait une ville avait la faveur de pouvoir y conserver ses biens et ses propriétés. Si, au contraire, le changement de domicile n'était pas autorisé, les biens de l'*incola* coupable, situés dans le territoire de la cité abandonnée, étaient, s'il ne les avait vendus avant son départ, confisqués et vendus au profit du fisc. (Loi 4, C., *jure fesci*, X. I.)

Outre cette prohibition, qui est des derniers temps de l'empire, nous trouvons au Digeste une autre entrave à l'usage du droit contenu dans la loi 31. Nous voyons, loi 34, *ad mun.*, Modestin déclare que l'*incola* ne peut abandonner la ville où il est domicilié, pendant qu'il exerce une des fonctions municipales qui ont pu lui être imposées à titre d'habitant. Pour pouvoir transférer son domicile dans une autre ville, il devra attendre l'expiration du délai pendant lequel il est tenu d'exercer ses fonctions. Nous retrouvons la même décision dans un rescrit d'Antonin à Paul, loi 1re Code, *de incolis :* une fois que vous avez rempli les fonctions auxquelles vous avez été appelé par la ville dont vous êtes *incola*, rien ne vous empêche de la quitter pour toujours, pourvu toutefois qu'avant votre départ vous n'ayez pas été appelé à de nouveaux honneurs.

En général, on n'a qu'un seul domicile; il est au lieu où l'on a son principal établissement. Cependant, de même qu'une personne peut avoir plusieurs origines, comme nous l'avons vu dans les lois 1re § 2, 7 et 27, *ad mun.*, de même elle peut avoir plusieurs domiciles. Il y eut doute sur ce point pendant quelque temps, et nous voyons dans les premiers jurisconsultes, des décisions contradictoires : mais la possibilité d'avoir plusieurs domiciles différents finit par l'emporter. Ainsi, Paul, loi 5, désapprouve l'opinion de Labéon qui pensait que le négociant qui exerce son commerce en plusieurs endroits à la fois n'a de domicile nulle part : Paul se range à l'avis de ceux qui admettaient le contraire. Ulpien aussi confirme l'opinion de Paul dans deux lois : un homme, dit-il loi 6, § 2, peut avoir deux domiciles, et cela arrivera s'il a deux maisons où il soit installé également. Puis, loi 27, § 2, Ulpien nous donne l'avis de Celsus; celui-ci suppose qu'un homme est également fixé dans deux localités différentes et passe autant de temps dans l'une que dans l'autre : c'est, dit-il, sa volonté et son intention qui détermineront quel est son domicile. Ulpien ajoute qu'il lui paraît douteux que, par une manifestation de volonté d'être domicilié dans les deux endroits, cet homme puisse avoir deux domiciles. Il lui semble aussi difficile d'avoir plusieurs domiciles que de n'en pas avoir ; et pourtant il admet que ces deux cas peuvent se présenter. Il peut arriver, en effet, qu'un homme ait abandonné son domicile sans esprit de retour : pendant qu'il voyage ainsi par terre ou par mer à la recherche d'un nouvel endroit où il se décide à fixer ses pénates, on peut dire qu'il est sans domicile, jusqu'au moment où il s'arrêtera dans le lieu où il voudra s'établir de nouveau et d'une manière définitive.

On peut compter encore au nombre des gens sans domicile le voyageur qui n'a pas un lieu où il revienne régulièrement se reposer de ses expéditions. Il faut aussi faire rentrer dans cette classe les vagabonds sans profession ni résidence. Le droit romain n'en parle pas : cela tient à ce que ces vagabonds sont généralement des esclaves fugitifs qui, n'ayant pas de personnalité juridique, sont incapables par eux-mêmes d'avoir un domicile et ne peuvent avoir que celui de leur maître.

Nous avons admis, comme un principe essentiel du domicile, la liberté pour chacun de le fixer où bon lui semblait. Loi 31. Cependant nous trouvons plusieurs exceptions à cette règle qui sont des restrictions apportées par le droit public à l'usage de cette faculté. Déjà nous avons rencontré l'une de ces exceptions dans la loi 34, *ad mun.*, et 1ʳᵉ C., *de incolis*. L'*incola* chargé d'une fonction ne peut quitter la ville sans avoir achevé de remplir la charge qui lui a été confiée. Nous ajouterons : 1° Le relégué ou banni qui a forcément son domicile dans le lieu où il subit sa peine. Loi 22, § 3. Mais cet exil ne fait pas perdre au condamné son ancien domicile. Loi 27, § 3. C'est encore là un exemple qu'en droit romain on pouvait avoir plusieurs domiciles. M. de Savigny (T. v␣ɪɪɪ, p. 65, note 9.) interprète la loi 27, § 3, en ce sens que la condamnation n'empêche pas le condamné d'avoir à supporter dans la ville de son ancien domicile les charges qu'il supportait avant la sentence d'exil. Merlin (Rép., v° Domicile, § 4, n° 3) concilie mieux, ce me semble, les deux lois 22, § 5, et 27, § 3 : il explique la première en disant qu'elle a trait à une rélégation perpétuelle, cas où le condamné ne peut avoir l'intention de conserver un domicile hors du lieu où il subit sa peine, et que la loi 27, § 3, au contraire, n'a rapport qu'à un bannissement temporaire, qui laisse place de la part du condamné à une volonté de conserver son domicile dans le but d'y revenir à l'expiration de son temps de peine. Une peine peut aussi interdire la résidence dans telle ville ou telle province. Loi 7, § 10, *de interd. et releg.*, XLVIII, 22.

2° Le soldat qui sert dans les armées a aussi son domicile sous les drapeaux, à moins qu'il ne soit propriétaire dans son pays, auquel cas il conserve son domicile primitif. Loi 23, § 1, *ad mun.* Si rien ne le rattache au pays qu'il a quitté pour venir au service de sa patrie, son intention semble devoir porter sur le lieu où il reste pour combattre, où il reçoit la paye.

3° La femme mariée a nécessairement le même domicile que son mari : « Domicilium viri est domicilium matrimonii, » loi 38, § 3, *ad mun.* et *de inc.* Nous y reviendrons plus loin.

4° Le sénateur a aussi un domicile nécessaire à Rome ou à Constantinople, et ce domicile de dignité ne l'empêche pas de conserver son domicile primitif : « Senatores in sacratissima urbe domicilium dignitatis habere videntur, » loi 8, Code, *de inc.*—Quoique domi-

cilié de droit dans la ville impériale, le sénateur ne
perd pas son origine ni son domicile antérieur ; il reste
soumis aux honneurs dans ces deux cités et garde, lui,
ses enfants et ses descendants par les mâles, le titre
de municipaux de ces villes, lois 23, *princ.*, et 22, § 5.
— Nous voyons là encore un cas où la loi elle-même
attribue à une même personne deux domiciles différents. L'évêque et le fonctionnaire ont aussi un domicile nécessaire dans le lieu de leur résidence.

Longtemps les sénateurs ne purent pas demeurer
ailleurs qu'à Rome ; il ne leur était permis d'en sortir
que pour remplir une mission confiée par le sénat ou
l'empereur. S'ils obtenaient un congé temporaire, leur
permettant d'aller demeurer où ils voudraient, ils
n'en conservaient pas moins de droit leur domicile à
Rome, loi 22, § 6. Plus tard, une constitution de
Théodose et Valentinien, loi 15, C. XII, 1, les dispense en
ces termes de la nécessité du congé: «Clarissimis vel
spectabilibus universis ad genitale solum vel quolibet
alio, et sine commeatu proficiscendi, et ubi voluerent
commorandi, habitandive facultatem permittimus. »

Quelquefois, en raison des rapports et des biens qui
existent entre elles, certaines personnes n'ont pas un
domicile personnel et propre ; il se trouve déterminé
par celui d'autres personnes auxquelles elles peuvent
être rattachées par diverses causes de droit, ce sont:

1° Les fils de famille. Les enfants légitimes ont pour
domicile celui de leur père, c'est leur domicile d'origine qu'ils conservent jusqu'à ce qu'ils aient manifesté

et réalisé l'intention d'en avoir un autre, lois 3 et 4, *ad mun.* Le fils de famille prend l'origine de son père et d'une façon immuable, nous l'avons vu ; mais il peut se donner un domicile à part et le fixer dans tel lieu qu'il lui conviendra, loi 6, § 1.

Ainsi, le domicile que s'est donné le père n'a pas d'effet relativement au fils, quant aux charges de la ville nouvelle où il a plu au père de se fixer. La raison en est que ce domicile nouveau, choisi par le père, peut varier encore et n'être que temporaire : « Quia, dit Papinien, in patris quoque persona domicilium ratio temporaria est, non perpetua, » loi 17, § 11. C'est une question de fait à examiner pour savoir si le fils a suivi son père et a accepté son nouveau domicile comme sien.

Les enfants naturels ont pour premier domicile celui de leur mère.

2° Les affranchis. Nous répéterons pour les affranchis ce que nous avons dit des fils de famille. Les affranchis et leurs descendants ont pour premier domicile, pour domicile d'origine, celui de leur patron, et ils le conservent tant qu'ils n'en changent pas, loi 22, *princ.*, et loi 6, § 3 ; mais ils sont parfaitement libres de se fixer ailleurs si bon leur semble. L'origine qu'ils tiennent de leur patron est définitive et incommutable pour eux et leurs enfants; mais pour le domicile, il n'en est pas de même. loi 27, *princ. ad mun.*

Nous voyons dans les deux cas qui précèdent l'application large du principe de liberté dans le choix d'un domicile. Il n'en est pas de même pour le suivant, et nous l'avons déjà cité comme un exemple de domicile nécessaire.

3° La femme mariée. Tant que la femme n'a que le titre de fiancée, à l'égard du domicile elle reste complétement libre et indépendante vis-à-vis de son futur mari, loi 32, *ad mun.* Il en est de même de la femme qui n'a qu'un commerce illégitime avec un homme ; la concubine conserve son domicile particulier, loi 37, § 2.

Au contraire, la femme mariée a nécessairement et du jour même du mariage le domicile de son mari, et par suite est soumise à la même juridiction que lui : « Domicilium viri est domicilium et forum matrimonii. » Loi 38, § 3, *ad mun.*, et loi 5, *de ritu nupt.*, XXIII, 2. Cependant Cujas nous dit (VII, 70, C.) que, si un procès a été intenté contre la femme avant le mariage devant le juge compétent, alors même que ce serait après les fiançailles, qui n'opèrent aucun changement dans le domicile, le mariage survenant, le procès ne suit pas le *forum viri*. Il sera terminé là où il a été commencé et la sentence pourra être exécutée contre la femme, bien qu'elle ait changé de forum. Loi 19, *de juris*, II, 1, D.

Quelques auteurs ont dit que le mari suit parfois le domicile de sa femme et se soumet ainsi à la juridiction qu'elle avait avant le mariage; qu'il en est ainsi quand, après leur union, le mari abandonne son domicile antérieur pour venir se fixer là où était celui

de sa femme. Ces auteurs commettent une inexacti-
tude de raisonnement; même dans ce cas-là, la femme
mariée suit encore le domicile de son époux; car
c'est le mari qui par sa volonté détermine quel
est le domicile du ménage; et si par hasard il se fait
que le mari choisisse précisément le lieu qu'habitait
précédemment sa femme, il arrive que la femme,
suivant de droit le domicile du mari, se trouve avoir
son nouveau domicile là où elle avait son ancien. C'est
ainsi qu'en ne s'en tenant qu'aux faits, il semble qu'on
puisse dire que la femme garde son domicile et que ce
soit le mari qui en change pour suivre celui de sa
femme; mais, en droit, cela ne peut se soutenir, parce
que c'est au mari seul qu'il appartient de déterminer
le *domicilium matrimonii* : « Nupta mutat domicilium, quia statim sequitur domicilium et forum mariti. »

La femme, par son mariage, participe aux honneurs et aux dignités de son mari ; pour elle, le mariage est la *communicatio divini et humani juris*, elle
s'associe entièrement à la fortune et à la gloire de son
époux. C'est ce qu'expriment en termes énergiques les
empereurs Valentinien, Théodose et Arcadius, dans
les lois 9, C. *de inc.*, et 13, *de dignit.*, C. XII, 1 : « Mu-
lieres honore maritorum erigimus, et genere nobilita-
mus, et forum ex eorum persona statuimus... » C'est
ainsi que la femme plébéienne qui épouse un sénateur acquiert la dignité sénatoriale et devient *claris-
sima*. Au contraire, la patricienne qui consent à se

marier avec un plébéien perd sa noblesse et devient
plébéienne, nous dit Cujas, et c'est à elle-même
qu'elle doit s'en prendre d'avoir perdu la noblesse de
sa race et de son sang. La plébéienne ne serait pas ano-
blie par son mariage avec un patricien, si la constitution des empereurs, qui forme la loi 9 au Code, n'eût
déclaré le contraire : « Plebeia per matrimonium no-
bilitatur genere, et ita proprium genus commutat in
genus mariti. » La plébéienne, ainsi mariée à un patricien, eût seulement participé aux dignités de son
mari, ce qui prouve bien que la dignité est une chose
distincte de la condition.

La veuve conserve le domicile qu'elle avait pendant
le mariage, « domicilium etiam post mortem mariti
retinet vidua, » si toutefois elle ne manifeste pas la volonté d'en changer. Loi 22, § 1. Si le mari avait plusieurs domiciles, la veuve les retient tous, à moins
qu'elle n'en choisisse un et qu'elle ne s'y installe *cum
familia*, avec toute sa maison. La veuve conserve
aussi les dignités et le titre qu'elle avait du vivant de
son mari, tant que dure son veuvage. Mais si elle
mène une mauvaise vie, ou si elle se remarie, elle
perd à la fois et le domicile et les titres qu'elle tenait
de son mari décédé : « Quæ iterum nubit, non utitur
privilegiis vel dignitatibus prioris mariti. — Sin autem
minoris ordinis virum postea sortitæ fuerint, priore
dignitate privatæ posterioris mariti sequantur condi-
tionem, et domicilia mutamus. » Loi 5, C. *de inc.* —
Ainsi la veuve qui convole à de secondes noces prend

le domicile de son nouveau mari. Ce principe se réappli-
que pour elle, que la femme mariée suit le domicile
de son mari : « Domicilium mariti, lar et domicilium
matrimonii est. »

C'est aussi ce que dit Virgile à propos du second
mariage d'Andromaque, et Servius nous rappelle ce
vers :

Et patriam Andromachen iterum cessisse marito.

« Secundum jus, dit Servius, locutus est Virgilius, quia
uxor viri domicilium sequitur. »

SECTION II. — De incolis

Nous avons, d'après Cujas et Pothier, distingué les
personnes qui se rattachent à une commune urbaine,
et qui à ce titre sont soumises à l'obligation de remplir
les *munera*, à la juridiction et au droit locaux, en municipaux proprement dits ou originaires et en municipaux volontaires ou habitants, *incolæ*. Nous avons
traité la matière des municipaux originaires; il ne
nous reste plus qu'à parler des *incolæ*.

L'*incola*, en grec πάροικος, μέτοικος (*juxta habita-
tionem*), est la personne qui a fixé son domicile dans
une cité ou sur le territoire qui en dépend ; c'est l'individu qui s'est établi dans une ville ou sur ses confins,
et qui jouit des avantages de cette ville, de ses bains,
promenades, spectacles et autres lieux publics. Loi 27,
§ 1, *ad mun*. Dès l'instant que nous disons qu'on est
incola d'un lieu quand on y a son domicile, il suffit de

se reporter à ce que nous avons dit du domicile et des signes auxquels on le reconnaît, pour bien déterminer ce qu'est un *incola*. *Incola* et *domicilium*, voilà deux idées corrélatives : sans *domicilium* pas d'*incola*. C'est ce qu'exprime cette proposition qu'on retrouve dans tous les auteurs : « Cives origo facit, incolas domicilium. » On n'est *incola* d'un lieu qu'autant qu'on y a fixé ses pénates, ses affaires et le siége principal de sa fortune. Hors ces conditions, on n'est plus un habitant, on n'est qu'un *advena*, ἄποικος, *domo profugus, colonus adveniens*, un passager, qui ne fait que traverser la localité ou n'y séjourne qu'un temps plus ou moins prolongé, mais sans intention d'y demeurer d'une manière fixe et continue.

Nous avons dit, en nous occupant du domicile, que la seule qualité de possesseur ou de propriétaire de maisons dans une ville ou de terres dans le territoire qui en dépend, ne suffisait pas pour déclarer que ce propriétaire ou possesseur était domicilié dans cette ville ou ses limites ; nous déciderons donc qu'il n'en est pas *incola*. Loi 17, § 5 et 15. Il en est de même de celui qui ne vient demeurer dans sa propriété que pour un temps limité, pour y passer la belle saison ou pour veiller à la culture des terres et à l'exploitation générale de son domaine. Loi 27, § 1, *ad mun.*

Maintenant que nous savons ce qu'est un *incola*, nous pouvons aborder la conciliation de deux lois qui semblent contradictoires au premier abord.

Nous trouvons au Digeste un texte de Pomponius

qui forme la loi 239, *verb. sign.*; au § 2, il nous donne
cette définition de l'*incola* : « Incola est, qui in aliqua
regione domicilium suum contulit, quem Græci ἄποικον
appellant. Nec tantum hi, quid in oppido morantur,
incolæ sunt, sed etiam qui alicujus oppidi finibus ita
agrum habent, ut in eum se, quasi in aliquam sedem
recipiant. » Ainsi, on dit que : « Incola est non tantum
qui habibat in municipio, sed etiam qui in finibus ejus
municipii habitat, agrum habet. »

La loi 35, *ad mun.*, contredit cette définition : elle
dit formellement que celui qui habite un fonds rural
n'est pas *incola* de la ville au territoire de laquelle ce
fonds appartient. D'après cette loi, on n'est *incola* qu'autant qu'on jouit ἐξαίρετοις de la cité, *id est foro, balneo*, etc. Quelques auteurs ont essayé de concilier ces
deux lois, en disant que la loi 239, § 2, *V. S.*, parle seulement de ceux qui habitent les faubourgs de la ville ;
qu'au contraire, la loi εἰδέναι ne parle que de ceux qui
habitent les champs, et déclare qu'ils ne sont pas
incolæ. Cujas rejette cette conciliation, il pense que
c'est abuser des mots et les fausser que d'en donner
une telle explication ; la loi 239 dit en effet formellement : « Incolam esse qui in finibus oppidi agrum
habet. » Et ce sont bien les limites (*fines*) qui déterminent le territoire, donc *fines* et *territorium* sont ici
synonymes et la loi εἰδέναι dit : « Non esse incolam qui
in territorio agrum habet. »

Voici la conciliation que propose Cujas (VIII, p. 647
et 648), et qui nous semble satisfaisante. La loi 35,

ad mun., parle seulement de celui qui possède, qui est propriétaire d'un champ, ou de celui qui possède une maison dans la ville, mais qui n'y a pas fixé son foyer domestique, qui n'a pas fait de ce fonds le centre de ses affaires et de sa fortune et qui, n'étant pas domicilié dans la ville, n'a pas le droit de jouir de ses avantages. Or, nous l'avons vu, la seule possession ou propriété d'un champ ne fait pas du possesseur un *incola*, loi 4, C. *de inc.*, loi 17, § 5 et 13 ; il faut la fixation de la demeure, et voilà pourquoi, dans ce § 2, loi 239, on ne dit pas seulement : « Eum esse incolam qui agrum habet. » Pomponius a soin d'ajouter : « Ut in eum se, quasi in aliquam sedem, recipiat. »

M. de Savigny (t. VIII, p. 62) propose une autre conciliation entre les lois 27, § 1 et 35, et la loi 239, § 2, *V. S.* Il croit que cette divergence de décision repose sur une expression inexacte, elle ne se rapporte pas au domicile en soi, mais à quelques-uns de ses effets, la participation à certaines charges imposées par la ville. — Il n'a jamais été mis en doute, en effet, que les habitants de la ville et de la campagne d'un même territoire ne fussent soumis à la juridiction des mêmes magistrats municipaux.

Nous avons vu que l'un des signes qui permettaient de reconnaître le domicile d'une personne était son séjour prolongé dans un lieu déterminé. Partant de là, on eût pu croire que les étudiants qui venaient se fixer dans une ville, principalement à Laodicée, pour y faire leurs études, devaient être considérés comme *incolæ* de cette ville. Il n'en est rien : le commencement de la loi 2, C. *de inc.,* dit que les étudiants ne sont pas domiciliés là où ils font leurs études. Ils doivent, en effet, retourner chez eux, leurs études terminées, quelque temps, du reste, qu'elles aient duré. C'est précisément cet esprit de retour au foyer paternel ou ailleurs qui les empêche d'avoir un domicile au siége de leurs études : il leur manque pour cela l'intention de s'y fixer définitivement. — N'y ayant pas leur domicile, Doneau nous dit qu'on ne peut poursuivre les étudiants dans la ville où ils font leurs études pour les obligations qu'ils ont contractées, alors même qu'elles auraient pris naissance au lieu même de leurs études.

Cependant, la loi 2, C. *inc.,* admet une exception à ce principe que les étudiants ne sont pas domiciliés dans la ville où ils étudient pour la seule raison de leurs études. L'empereur Alexandre rappelle un rescrit d'Adrien où il est déclaré qu'au bout de dix ans on peut considérer comme *incola* l'étudiant qui s'est bien fixé et bien établi dans la ville. Mais il faut bien remarquer que ce n'est pas le seul laps de dix ans qui fait de cet étudiant un *incola;* il faut de plus, de sa part, l'établissement d'une demeure perpétuelle ou tout autre acte qui dénote chez lui une intention manifeste de fixer son domicile dans la ville. On peut trouver alors là une présomption d'établissement de domicile qui suffit, jusqu'à preuve ou manifestation de volonté contraire, pour faire considérer l'étudiant comme *incola*.

Quand même toutes ces circonstances seraient réunies, dès l'instant qu'il serait bien certain que l'étudiant n'a d'autre motif de rester dans la ville que ses études, qu'il la quittera après les avoir terminées, si prolongé que soit son séjour, on ne doit pas le traiter comme *incola*. — Les parents des étudiants qui vont les voir ou qui restent près d'eux ne doivent pas non plus être considérés comme habitants de cette ville. Loi 2, C. *de inc*.

Les étudiants, n'étant pas habitants du lieu où ils étudiaient, n'avaient pas à remplir de fonctions ni de charges civiles; et pourtant ils avaient certains avantages et priviléges dans la ville où ils faisaient leurs études, et qui résultaient de concessions ou d'usages anciens : ainsi ils étaient traités comme citoyens de la ville, mais seulement autant que cette qualité ne leur causait aucun préjudice et leur était favorable. Parmi leurs priviléges, Cujas (IX, 250, D.) nous signale encore ceux-ci : ils n'étaient justiciables que de l'évêque, puis ne pouvaient être condamnés à aucune peine corporelle.

Les questions de domicile étaient, comme celles d'origine, de la compétence exclusive des présidents de province. C'était à eux seuls qu'il appartenait de vider la question de savoir si une ville pouvait compter un individu au nombre de ses citoyens et de ses habitants, et par suite lui imposer des fonctions et des charges municipales. Ces présidents connaissaient donc du débat dans des *cognitiones extraordinariæ*, où il ne pouvaient déléguer leur pouvoir à un *judex*, lui confier le soin d'examiner l'affaire et de rendre la sentence : c'étaient eux-mêmes qui devaient suivre le procès jusqu'au bout. Le président qui devait être saisi était celui de la province dans laquelle était située la ville qui revendiquait un homme comme citoyen ou habitant. Loi 37, *ad mun.*

CHAPITRE III

EFFETS COMMUNS ET JURIDIQUES DE L'ORIGO ET DU DOMICILIUM

Maintenant que nous savons ce qu'est l'origine et le domicile d'une personne, comment en général chaque individu est rattaché par ce double lien à une ou plusieurs villes, il nous reste à examiner les conséquences communes qui sont le résultat de cette relation établie par le domicile et l'origine entre les communes urbaines et les personnes qui s'y rattachent à titre de citoyens ou d'habitants.

Ces conséquences juridiques sont au nombre de trois, savoir :

1° L'obligation de participer aux charges de la ville (*honores et munera*) ;

2° L'obéissance aux magistrats municipaux et la soumission à leur juridiction ;

3° Un droit spécial de la ville, droit personnel du citoyen ou de l'habitant.

Chacune de ces trois divisions formera un paragraphe à part.

Ces charges résultaient du droit public (*publica munera*) et spécialement du droit de cité ou du domicile acquis dans une ville (*civilia munera*). Il ne faudrait pas croire que tous ces *munera* profitassent aux villes où ils étaient établis et perçus. Souvent le produit des charges municipales les plus oppressives ne profitait qu'à l'État, et l'administration locale était supportée par la ville elle-même. Loi 18, § 3, 4, 8, 16, *de muner.*, D.

Nous trouvons au Digeste l'énumération de toutes les fonctions municipales auxquelles les citoyens ou habitants des villes peuvent être appelés. Lib. L, t. IV.

Les fonctions étaient de deux sortes, *honores et munera*, tout aussi obligatoires les unes que les autres. L'*honor* était une fonction à laquelle était attachée une dignité personnelle, une position honofique dans la cité : *titulus honoris*. Ainsi, au nombre des *honores* se trouvaient les diverses magistratures municipales, les titres de *curator reipublicæ, quinquennalis censor, duumviri ædiles*, enfin les décurions.

Le *munus* est, au contraire, une fonction sans titre de dignité ; exemple : celle de syndic, d'écrivain, de questeur municipal. Les *munera* sont des fonctions inférieures qui ont pour objet l'utilité de la cité entière. Pomponius en donne cette définition (D., loi 239, § 3, *de verb. sign.*) : «Est officium privati hominis, ex « quo commodum ad singulos universosque cives rem- « que eorum imperio magistratus extraordinario per- « venit. » Les *munera* se subdivisent en charges atta- chées à la personne (*munera personalia*) et charges attachées aux biens (*patrimonialia*), suivant qu'elles consiste en travaux, en dépenses ou responsabilité pécuniaire. (D., lois 1-4; loi 6, § 3-5; loi 18, *Pr.*, § 17, *de muner.*) Parmi ces fonctions personnelles figurent celles de juges et de tuteurs. (D., lois 1, § 4, et 18, § 14.)

La personne qui a été appelée à remplir un *honor* est dispensée des *munera personalia*. Au contraire, celle qui remplit déjà un *munus* peut se voir appelée *ad honores*. (D., loi 10, *de mun. et hon.*) La glose a cru devoir décider que les consuls municipaux (duumviri) qui remplissent une fonction honorifique ne sont pas soumis aux impôts et contributions publiques. Cujas, après Barthole, condamne cette opinion des glossa- teurs, et pense que cette proposition : « Honorem sus- tinenti munus imponi non posse, » ne s'applique qu'aux *munera* personnels ou corporels, mais non aux *munera patrimonialia*, qui incombent aux proprié- taires, et dont personne ne peut être dispensé.

Ces charges municipales incombaient régulière- ment à tous ceux qui avaient dans la ville qualité de citoyen ou d'habitant. Si donc une personne avait fixé son domicile dans une autre ville que celle dont elle était originaire, elle se voyait exposée à remplir

des fonctions municipales dans ces deux cités. (D.,
loi 29, *ad municipalem;* C., lois 5 et 6, *de incolis;* D.,
loi 6, § 5, et loi 18. § 22, *de muner.* — C., loi 1, *de
municip.*)

Il arrivait même que sans qu'il y eût fixation de domicile hors de la ville originaire, un individu se trouvait nécessairement, par son origine multiple, obligé
à remplir des fonctions dans plusieurs villes. Ainsi
c'est ce que nous avons admis pour l'enfant légitime
d'une Troyenne ou d'une Delphienne mariée à un
citoyen d'une ville différente. (D., loi 1, § 2, *ad munic.*) Il en serait de même pour l'affranchi d'un patron dans le cas de la loi 1, § 2, de notre titre au Dig.,
et aussi pour l'affranchi qui aurait été mis en liberté
par plusieurs patrons copropriétaires originaires de
villes diverses (D., loi 7, *ad munic.*); enfin, pour l'affranchi qui serait domicilié dans une autre ville que
celle qui lui était fixée comme originaire par l'affranchissement. (D., lois 37, § 1, et 22, § 2, *ad municipalem*).

Nous avons vu encore que l'adopté avait à satisfaire
aux fonctions publiques dans sa ville originaire par
l'effet de l'adoption. (D., loi 15, § 3, *ad munic.*) Ce
qui empêchait, en effet, de libérer l'adopté des charges
municipales de sa ville originaire personnelle, c'était
la crainte de voir l'adoption devenir un moyen de
fraude, employé à l'égard des villes, pour arriver à se
soustraire aux charges qui incombaient à chacun, à
raison de son origine. (D., loi 17, § 9, *ad munic.*)

Le relégué aussi a deux domiciles, celui que lui assigne son exil et celui qu'il a quitté pour subir sa peine. (D., loi 22, § 3, *ad munic.*) Il conserve son ancien domicile et reste soumis aux charges civiles dans la ville où il est fixé. (D., loi 27, § 3, *ad munic.*)

Ainsi, celui qui avait droit de cité ou était domicilié dans plusieurs villes était tenu des charges municipales dans chacune d'elles. Il en devait résulter que le nombre des personnes ayant volontairement plusieurs domiciles devait être fort restreint.

La qualité de propriétaire ou de possesseur n'emportait pas celle d'habitant, ainsi que nous l'avons vu précédemment. (D., loi 17, § 13, *ad munic.*) Il s'ensuivait que le propriétaire ou possesseur n'était pas tenu de remplir les fonctions civiles de la cité sur le territoire de laquelle était situé le fonds ou la maison dont il avait la propriété (D., loi 17, § 5, *ad munic.*) ; quand même cette maison lui proviendrait du patrimoine d'un décurion, le principe n'en reste pas moins le même, car les charges suivaient le genre et l'origine des personnes et leur domicile, et non l'origine et la situation des biens. (C., loi 4, *de inc.*) La loi 17, § 5, de Papinien semble absolue et devait s'appliquer indistinctement aux *munera personalia* et *patrimonialia.* Mais Accurce contredit Papinien pour ce qui touche aux *munera patrimonialia*, et soutient, en s'appuyant sur les lois 6, § 4, et 18, § 18, D., *de mun. et hon.*, que les personnes simplement propriétaires ou possesseurs sur le territoire d'une ville, sont soumises, par cette seule qualité, à l'obligation aux charges foncières, aux *munera patrimonialia.*

Nous avons dit plus haut **que**, pour être astreint aux charges municipales d'une ville, il fallait y avoir le titre de citoyen ou d'habitant. Papinien, dans la même loi 17, § 5, D., *ad mun.*, dit que parfois les empereurs accordaient à une ville le privilége spécial de pouvoir imposer aux personnes simplement propriétaires dans son territoire des *munera personalia,* comme si elles en étaient *incolæ.* Nous retrouverons la même décision au Code, loi 6, *de inc.*, et loi 18, § 25, *ad mun.*

Les femmes aussi bien que les hommes avaient à remplir des fonctions publiques personnelles dans les villes dont elles étaient citoyennes ou habitantes. Ces fonctions étaient en rapport avec leur sexe : *munera sexui congruentia :* C'était, par exemple, de faire chauffer les bains publics à l'usage des femmes, ou remplir certains sacerdoces qu'elles pouvaient exercer et qui leur étaient réservés.

En dehors de ces *munera personalia*, les femmes qui étaient propriétaires étaient soumises à toutes les charges foncières qui incombaient à la propriété et devaient s'acquitter de ces *munera* dans les lieux où étaient situés leurs fonds. (C., loi unique, X, 63.)

Si la femme est mariée, l'empereur Philippe dans cette même loi a déclaré qu'elle aura à remplir ses fonctions dans la ville où est établi le domicile de son mari, et ainsi les *munera* dont elle a à s'acquitter ne la séparent pas de son mari. — La femme mariée dans une ville autre que celle dont elle est originaire n'est pas appelée aux charges de cette dernière ville, tout en en conservant le droit de cité. La raison en est que le mariage la fait changer de famille, pour ainsi dire, comme l'adoption. Mais ici, on ne peut soupçonner le mariage de cacher un moyen détourné de dispenser la femme de ses obligations envers sa ville natale. (D., loi 38, § 5, *ad mun.*)

Pour tous ceux qui se trouvaient ainsi obligés de remplir des fonctions municipales, la sanction de leur obligation était la saisie de leurs biens, qui étaient revendiqués par le fisc et vendus à son profit.

Ces *munera* dont les *cives* et les *incolæ* devaient s'acquitter étaient de trois sortes, et la loi 18 D., *de verb. sign.*, nous en donne l'énumération : 1° donum, inde munera dici, dari, mittive ; 2° onus, quod quum remittatur vacationem militiæ munerisque præstat, inde immunitatem appellari ; 3° officium, unde munera militiæ et quosdam milites munificos vocari.

Il y avait de nombreuses exemptions de ces charges, tantôt temporaires, tantôt perpétuelles et appelées suivant les cas, *vacatio, immunitas, excusatio ;* nous en pourrions citer de nombreux exemples : en voici quelques-uns : la femme mariée, nous le disions à l'instant, est dispensée des *munera* dans sa ville originaire, elle n'en remplit que dans la ville du domicile conjugal.

Les militaires en activité de service (D., loi 3, § 1,

loi 4, § 5, *ad mun.*) et les vétérans sont dispensés des charges personnelles. (C., loi 5, X, 54.) L'infâme n'est pas appelé à un *honor*. (C., loi 1, X, 54.) Les étudiants dans les villes où ils étudient ont les avantages de la qualité d'*incola*, mais n'en ont pas les charges. Le citoyen nommé sénateur à Rome était aussi libéré par sa dignité des *munera* et ne conservait les obligations de municipal dans sa ville originaire que pour ce qui concernait les honneurs. (D., loi 25, *pr.*, *ad mun.*) Il en était de même pour ses enfants et descendants par les mâles. (D., loi 22, § 5, *ad mun.*)

L'affranchi, malgré les services (*operæ*) qu'il doit fournir à son patron, n'est pas dispensé des charges personnelles de sa ville originaire, alors même que son patron serait devenu aveugle et qu'il lui servirait de guide : il doit à la fois ses services à sa patrie et à son patron. (D., loi 17, *pr.*, *ad mun.*)

Cependant Papinien, loi 17, § 1, admet une exception à cette règle que l'affranchi est soumis aux charges personnelles de sa cité, en faveur de l'affranchi d'un sénateur qui aurait été préposé par son patron à l'administration de ses affaires. Cet affranchi n'aura pas à remplir les fonctions de tuteur, lesquelles font partie des charges civiles. Du reste, les interprètes de ce sénatus-consulte, par lequel est accordée cette dispense à l'affranchi du sénateur, déterminent et limitent l'étendue de cette faveur : ils ne l'appliquent qu'à un seul affranchi parmi ceux qui administrent les affaires de leur patron sénateur, et cette concession n'est faite

qu'à un affranchi du sénateur lui-même, et non à un
affranchi de sa femme. Puis cette exemption ne s'applique qu'aux tutelles et non aux autres *munera civilia*.
Cette dispense ne profite pas non plus à l'affranchi qui
gère la tutelle des enfants de son patron sénateur, ni
à celui qui a obtenu le droit de porter l'anneau d'or.
Ainsi ce sénatus-consulte auquel fait allusion la loi 17,
§ 1, *ad munic.*, D., doit être entendu dans un sens
restreint.

L'évêque jouit des mêmes avantages que le sénateur
(loi 23). Il cesse d'être soumis aux charges qui incombent au clergé.

§ II. — Juridiction. — *Forum originis — Domicilii.*

Le principe fondamental, en cette matière, est que
tout procès doit être porté devant le *forum rei* et non
devant le *forum actoris*. Tout défendeur doit être attaqué devant sa juridiction personnelle, celle de son domicile ou de son origine, qu'il s'agisse d'une action
réelle ou d'une action personnelle. « Actor rei forum
sive in rem, sive in personam sit actio, sequitur. Unde
perspicis non ejusdem provinciæ præsidem adeundum,
ubi res, de quibus rebus agitur, sitæ sunt, sed in qua
is, qui possidet, sedes ac domicilium habet. » (326 *frag.*
Vatic. et loi 3, *ubi in rem*, C. III, 19.)

La juridiction du défendeur est dans toute ville dont
il est citoyen ou habitant : c'est ce que dit formellement Gaïus (D., loi 29, *ad mun.*) :« Incola et his magis-
tratibus parere debet, apud quos incola est, et illis

apud quos civis est : nec tantum municipali jurisdictioni in utroque municipio subjectus est, verum etiam omnibus muneribus fungi debet. » Ce texte nous montre qu'il y avait corrélation entre les charges municipales et la juridiction : de sorte que toute personne qui a le droit de cité ou son domicile dans une ville est à la fois soumise aux fonctions publiques et à la juridiction de ses magistrats municipaux, et que le demandeur peut, à son choix, assigner le défendeur devant la juridiction de l'une quelconque des villes dont celui-ci est citoyen ou habitant.

C'est à son domicile actuel et non à celui qu'il a pu avoir avant que l'action fût intentée, que le défendeur doit être actionné. Le changement dans l'état de la personne opère un changement du forum, et attribue compétence à des juges nouveaux. Par exemple, la femme après son mariage ayant changé son domicile pour celui de son mari, n'est plus justiciable que des juges du territoire dans lequel ce domicile est situé. (C., loi 9, *de incolis*, loi 19, *de jurisd.*, II, 1.) C'est ce qui fait que, si avant son mariage la femme a un forum différent de celui du mari, et est attaquée pour une cause antérieure au mariage, dès l'instant que le procès n'a pas été entamé avant le mariage, c'est la juridiction du domicile du mari qui devient compétente. (Loi 7, *de jud.*, V, 1.)

Du reste, si la juridiction qui résulte du domicile peut varier, en principe, avec le domicile lui-même (loi 51, *ad mun.*), s'il suffit pour cela d'une manifestation de volonté accompagnée de sa réalisation (loi 20, *ad mun.*), il est une juridiction qui ne peut pas varier, c'est celle de l'origine ; on ne peut renoncer à cette origine, ni la changer pour se soustraire aux honneurs et aux charges personnelles. (D., loi 6, *ad mun*. — C., loi 4, *de munic.*)

Ce que nous venons de dire, que le défendeur doit toujours être actionné devant le tribunal de son domicile, semble contredit par la loi 2, C., *de jurisdic.*, III, 13. Dioclétien et Maximien, dans un rescrit, disent : « Juris ordinem converti postulas. et non actor rei forum, sed actoris reus sequatur ; nam ubi domicilium reus habet vel tempore contractus habuit, licet hoc postea transtulerit, ibi tantum eum conveniri oportet. »

Il semble résulter de ce rescrit que le défendeur doit être soumis à la juridiction du lieu où le contrat est intervenu, non pas à cause du domicile qu'il a pu y avoir quelque temps, mais parce que c'est là que le contrat s'est formé, et il est juste que le demandeur ne soit pas forcé d'aller chercher le débiteur dans un lieu peut-être fort éloigné, où il a pu plaire à celui-ci d'aller se fixer, et sans que son créancier ait pu le prévoir. Le lieu du contrat alors détermine quel est le tribunal compétent pour être saisi de l'affaire. (Loi 19, § 1, 4, *de jud.*, V, 1 et loi 1, 2, 3, *de reb. auct. jud.*, 42-5.) S'il n'en eût pas dû être ainsi, si le créancier eût pu penser que son débiteur s'en irait peut-être fort loin, et qu'il aurait à le rejoindre pour l'actionner, peut-être n'aurait-il pas consenti au contrat. Ainsi le lieu où le contrat a été formé peut l'emporter sur celui du domicile, s'il résulte de l'intention des parties qu'elles ont été d'accord pour saisir des questions relatives au contrat le juge du lieu où il a été formé. Il y a eu ce que nous appelons dans notre Droit élection de domicile. D'ailleurs le demandeur est toujours libre de renoncer à cet avantage, et peut toujours actionner le débiteur devant le tribunal de son domicile actuel. Voilà donc, dans certains cas, deux tribunaux compétents pour connaître de l'affaire, et que le demandeur peut saisir à son choix.

Quoi qu'il en soit, il faut tenir pour constant, en principe, que l'on peut être attaqué, et que l'on doit se défendre au lieu où on est domicilié actuellement, et non dans celui où on a pu être domicilié auparavant. Le défendeur a paru plus favorable que le demandeur, nous dit Gaïus (D., loi 125, *reg. juris*) : « Favorabiliores rei potius quam actores habentur. » C'est pourquoi le créancier, dans les actions *in personam*, et le revendiquant dans les actions *in rem*, doivent toujours suivre le *forum rei*. (Loi 128 : « In pari causa possessor potior haberi debet. »)

Dans une action en justice, il peut arriver que les rôles des parties soient mal déterminés, et qu'on hésite à reconnaître que tel est *actor* et tel autre *reus*. Il est très-important de ne pas se tromper sur le rôle de chacun d'eux, afin de ne pas saisir un juge incompétent, celui du *forum actoris*. Ce doute existe dans deux sortes d'actions : questions d'état et actions doubles.

1° *Questions d'état.* — Il s'agit de savoir si un homme est libre ou esclave, ingénu ou affranchi. Le débat naît ainsi. Un homme se présente devant les juges et prétend que tel autre est son esclave, ou, en sens inverse, tel homme qui est traité comme esclave prétend être un homme libre. Le prétendu maître a un domicile différent de celui qu'il revendique à titre d'esclave : le demandeur devra suivre le *forum rei*. Mais quel sera l'*actor*, quel sera le *reus?*

Le défendeur est celui qui est en possession, c'est-à-dire qui veut maintenir l'état actuel des choses. Le demandeur est celui qui prétend que cet état de choses ne devrait pas être et ne doit pas subsister. Dans notre question, pour savoir quel est le *reus*, il faut examiner si l'esclave est en état de liberté ou d'esclavage. S'il est en esclavage et réclame la liberté, il devra suivre le domicile de son prétendu maître. (Loi 4, *ubi causa stat.*,C. III, 22.) Si au contraire l'homme est en liberté, celui qui le réclamera comme esclave devra néanmoins suivre son domicile. (C., loi 3, *ubi causa stat.*) Cependant, si cet esclave n'est en possession de la liberté que *ex dolo malo*, par exemple, s'il a pris la fuite de chez son maître, on ne peut lui accorder de domicile, et il faut, aux termes de l'édit perpétuel, qu'avant, il y ait une action préjudicielle pour savoir quel rôle il doit jouer dans l'affaire et à qui incombe la preuve,

tout comme s'il était encore en servitude. (C., loi 21 ,
VII, 16.) Cette fuite en effet, ne doit pas nuire au maître
(C., loi 1, *ubi causa*)

Voici donc en résumé ce qu'il faut décider : si un
homme en état de servitude se prétend libre, il est
actor, car il va contre l'état de choses, et le maître est
reus. Au contraire, s'il est en possession de la liberté,
et cela *sinc dolo malo*, et qu'inquiété il intente la *libe-*
ralis causa pour faire reconnaître sa qualité d'homme
libre, il est *reus*. (Loi 7, § 5, D., *de lib. caus.*) S'il y a
doute sur l'état actuel des choses, le magistrat commence, au moyen d'une action préjudicielle, par déterminer celle des parties à qui incombe la preuve,
soit de la liberté, soit de la servitude.

La décision est la même pour la question d'ingé-
nuité. (D., loi 14, *de probat.*)

2° *Actions doubles.* — La raison de douter est encore
plus grande dans les actions doubles que dans les
questions d'état.

Ces actions sont au nombre de trois : Familiæ er-
ciscundæ, communi dividundo, finium regundorum.
Le rôle de chacune des parties à l'action est le même,
chacun est demandeur et défendeur à la fois, puis-
qu'il demande une part et que les autres deman-
dent la leur. C'est ce qui fait appeler ainsi doubles
ces actions, à cause du double rôle de chacune des
parties. (Loi 44, § 4, D. *fam. ercisc.*, et loi 2, § 1,
comm. div.)

Si les parties ont des domiciles différents, on se demande devant quelle juridiction et dans quel lieu l'action doit être intentée.

Il faut bien pour que le juge soit saisi et la compétence déterminée, que l'une des parties soit demanderesse et l'autre défenderesse. Comment donc décider lequel sera traité comme demandeur? En réalité, chacun est à la fois *actor* et *reus*, mais on considère comme seul demandeur celui qui a intenté l'action en partage et a appelé les autres copartageants à y défendre. Si les deux parties ont intenté l'action ensemble, c'est le sort qui décide du rôle de chacune d'elles. (Loi 13, *de jud.*—Loi 2, § 1, *comm. div.*) En effet, il est plus juste, si l'un d'eux a le premier intenté l'action, de le traiter comme demandeur, car c'est lui qui a commencé l'action. Si l'on tire au sort pour savoir qui aura le rôle de demandeur, quelle qu'en soit la décision, personne ne pourra se plaindre d'un dommage : le hasard pouvait favoriser l'un aussi bien que l'autre, et les chances étaient égales. Il fallait bien en arriver là pour organiser l'instance.

Paul (loi 29, *de jud.*, D.) nous dit : *qui appellat prior, agit.* Cela signifie que, comme pour savoir quel est le défendeur et le lieu où l'action doit être intentée, il faut voir et décider quel est celui qui est demandeur dans l'instance, qu'alors, dans les actions doubles, il faut reconnaître comme demandeur *qui appellat prior, id est qui interpellat, provocat ad judicium cæteros.*

Doneau (liv. XVII, ch. xii, § 10) soutient l'application de cette règle contre Accurse et Barthole, qui semblent

préférer celle où l'on dit que celui-là est demandeur
qui met le premier l'action en mouvement, bien que
les autres parties intentent ensuite contre lui l'action.
Doneau considère comme puéril de dire que celui qui
agit le premier est demandeur de préférence aux
autres : la maxime de Paul est plus claire et plus absolue. Puis Doneau fait remarquer qu'il n'est pas
exact de dire que celui-là seul est et reste demandeur
qui agit le premier, bien que d'autres ensuite intentent à leur tour l'action contre lui. Il faut reconnaître comme jouant le rôle de demandeur définitif
celui qui le premier intente l'action, et contraint
ainsi les autres à y jouer le rôle de défendeur afin de
protéger leurs droits dans l'adjudication que le juge
aura à prononcer,

§ III. — Droit local. — *Lex originis.* — *Lex domicilii.*

Le droit local s'appliquait à toute personne qui
comme citoyen ou comme habitant dépendait du territoire de la ville où ce droit était en vigueur.

Nous avons vu qu'il existait une relation parfaite
entre les charges municipales et la juridiction : là où
une personne est tenue de ces charges, là elle peut être
poursuivie, et le tribunal local saisi de l'affaire est
compétent pour la vider.

Cette même liaison intime se présente entre la seconde et la troisième conséquence du droit de cité ou
du domicile, c'est-à-dire entre la juridiction et le droit

local, car on peut les regarder comme deux faces différentes de l'ensemble du droit local auquel ces citoyens et habitants de la ville sont soumis.

M. de Savigny (t. VIII, p. 80) nous donne quelques exemples pris dans les sources du Droit romain qui viennent justifier et développer ces principes :

1° Cas de collision d'une loi positive de Rome avec le droit d'un État voisin souverain et allié. L'usure fut de bonne heure interdite à Rome; mais les usuriers trouvaient moyen d'éluder les lois en plaçant leurs créances au nom d'habitants d'États voisins (*socii Latini*) qui n'étaient pas soumis aux lois romaines sur l'usure. En 561 le droit local romain prit de l'extension et protégea les débiteurs de Rome en devenant applicable aux *socii Latini*, créanciers de débiteurs romains[1]. — Jusqu'à cette extension donc, la loi sur l'usure n'était que de droit local pour Rome, et sans influence hors de son territoire.

Les cas suivants se rapportent à des collisions de droits locaux dans les limites de l'État romain.

2° L'obligation du *fidejussor* seule passait aux héritiers; celle du *fidepromissor* n'y passait pas. Mais il y avait exception à ce principe, si le *fidejussor* était *peregrinus* et d'une ville de province dont le droit local n'était pas semblable à celui de Rome relativement aux *fidepromisseurs*. Gaïus, C., III, § 120, nous dit en effet : « Præterea sponsoris et fidepromissoris hæres non

---

[1] Tite Liv., lib. XXXV, 7.: « Plebesque scivit, ut cum sociis ac nomine Latino pecuniæ creditæ jus idem, quod cum civibus Romanis esset. »

tenetur, nisi si de peregrino fidepromissore quæramus, et alio *jure civitas ejus utatur*. » Ainsi le *fidepromissor peregrinus* peut se voir soumis au même droit que le *fidejussor* romain.—Nous voyons le *sponsor* et le *fidepromissor* à côté l'un de l'autre et soumis au même droit dans Gaïus, et notre exception ne s'applique qu'au *fidepromissor*. Pour comprendre cette différence il suffit de se rappeler que les citoyens romains seuls pouvaient être *sponsores*. (Gaïus, III, § 95.)

5° Nous trouvons encore un exemple de droit local la loi Furia (§ 121 et 122, Gaïus). Le *sponsor* et le *fidepromissor* étaient en Italie libérés après deux ans (*biennio liberantur*), et les *garants* ne répondaient que d'une portion de la somme totale due, déterminée par leur nombre, « in tot partes viriles inter eos deducitur obligatio. »

Cette loi ne s'appliquait qu'aux citoyens des villes d'Italie et non à ceux des provinces, eussent-ils le *jus civitatis Romanæ*. Du reste il faut bien qu'ils soient citoyens romains pour que notre proposition soit vraie, puisque nous parlons de *sponsores*.

4° Dans la confection d'un testament, il faut suivre les formes et le droit local de sa patrie et non pas la manière de tester du lieu de la situation des biens. — Les affranchissements imparfaits faisaient entre autres des déditices, *peregrini :* Ces affranchis ne pouvaient tester, parce qu'ils n'étaient ni citoyens romains, ni citoyens d'une ville déterminée, d'après le droit de laquelle ils eussent pu faire leur testament.

Reg. Ulp. XX, 14 : « Latinus Junianus, item is qui de-
ditiorum numero est, testamentum facere non potest,
quoniam nec quasi civis Romanus testari potest, quum
sit peregrinus, nec quasi peregrinus, quoniam nullæ
certæ civitatis civis est, *ut adversus leges suæ civitatis
testetur*. »

Si ce *déditice peregrinus* eût été citoyen d'une ville
quelconque reconnaissant le droit de tester, il eût pu
faire un testament conformément au droit local, valable à Rome comme dans sa patrie; mais n'appartenant à aucune ville, il n'a pas cette faculté.

5° Le droit spécial des villes latines sur le mariage
disparut lorsqu'on leur accorda le droit de cité. (Aulu-
Gell., l. VI, c. iv.)

En résumé, on peut donc dire que le droit de cité
dans une ville déterminée règle pour chaque individu
le droit auquel il est personnellement soumis.

Il est vraisemblable que quand un contrat inter-
vient entre deux citoyens d'États différents, en principe et sans exception, c'était le *jus gentium* qui devait s'appliquer et non le droit local de l'une des
parties.

Il y a certains textes dont il faut se garder de faire
application à notre matière, en croyant qu'ils ren-
voient à des règles de droit local, pour l'interprétation de certains actes. Ainsi, loi 1, *pr.*, *de usuris*, nous
voyons que les intérêts moratoires se payent suivant le
taux actuel des intérêts dans la localité : « Usurarum
modus ex more regionis... » De même pour les inté-

rêts dus au mandataire pour les avances que son mandat a nécessitées, loi 57, *de usuris* : « ..... Usuras venire, eas autem, quæ in regione frequentantur.....»
Ces deux textes ne se réfèrent pas à une règle de droit local sur le taux de l'intérêt, mais bien seulement sur la valeur actuelle de l'argent dans la localité pour indemniser justement le créancier ou le mandataire.

Voici donc, en somme, les conséquences juridiques de l'*origo* et du *domicilium*.

Quiconque appartient à une ville est soumis :

Aux charges municipales,

A la juridiction,

Enfin au droit positif spécial de cette ville.

Ces conséquences sont intimement liées, et cependant il y a entre elles une différence importante à signaler : quand un même individu appartenait à plusieurs villes, aux unes comme citoyen, aux autres comme habitant, il se trouvait soumis aux charges municipales et à la juridiction de chacune d'elles. Mais quant au droit positif, celui de l'une d'elles seulement pouvait le régir sous peine de contradiction : il fallait donc opter entre ces diverses villes quelle serait celle dont le droit régirait l'individu.

M. de Savigny pense que c'était alors le droit de la ville dont on était citoyen qu'il fallait faire prévaloir. Il raisonne ainsi : D'abord le droit de cité est un lien bien plus étroit pour la personne que celui du domicile, qui varie selon le caprice de l'individu. Puis ce droit de cité est plus ancien, il remonte à la naissance

et l'autre n'est que le résultat d'un acte postérieur de
volonté libre. — Le droit d'une certaine ville étant
établi pour la personne, on ne voit pas la nécessité de
le changer. Enfin, plusieurs textes que nous avons
déjà cités semblent bien attribuer une prédominance certaine au droit local de la cité sur celui du
domicile comme droit personnel de l'individu : Gaïus,
C. III, § 120 : « ..... Et alio jure civitas utatur..... »
et *Ulp. reg.* XX, 14 : «...... Quoniam nullius certæ civitatis civis est, ut adversus leges civitatis suæ..... »

Il pouvait arriver qu'un individu eût droit de cité
dans plusieurs villes, soit par la seule naissance, soit
par suite de l'adoption ou de l'affranchissement. Dans
ces cas, il fallait faire prévaloir le plus ancien droit,
surtout quand il y en avait un qui provenait de l'a-
doption : l'émancipation pouvait le faire disparaître
d'un jour à l'autre.

L'étranger admis à fixer son domicile dans l'empire, et le déditice, ne pouvaient avoir aucun droit de
cité : pour eux c'était le droit local du domicile qui
devait former leur droit personnel.

DROIT FRANÇAIS

CODE NAPOLÉON (liv. I, tit. III).

Les lois qui règlent la matière du domicile doivent être rangées au nombre de celles qui touchent de près l'ordre public, l'organisation générale d'un pays, le maintien de l'ordre social. Ce sont elles qui ont servi de base à la division du sol français en circonscriptions territoriales, qui ont ainsi facilité l'action de nos systèmes administratif, judiciaire et financier.

L'un des principaux bienfaits de notre révolution de 1789 est d'avoir doté notre pays d'une législation uniforme pour toutes les parties de son territoire. Nos lois ne sont plus comme autrefois variables d'une province à l'autre, et les trois cents coutumes qui se partageaient le sol de la France ont disparu devant le Code Napoléon qui est venu les remplacer toutes, apporter l'unité de législation dont le besoin se faisait sentir depuis si longtemps et donner une nouvelle consécration à l'unité territoriale.

On comprend facilement combien cette réforme salutaire de nos lois a diminué l'importance du domicile. Dans notre ancienne législation, la question de domicile se présentait toujours en première ligne, pour déterminer les statuts réels et personnels des biens et des personnes, soumis à l'autorité de coutumes différentes les unes des autres. Aujourd'hui que ces distinctions de province à province ont disparu et que tout Français est régi par les mêmes lois, notre sujet est d'un intérêt bien moindre qu'autrefois. Maintenant, plus de ces différences dans l'époque de la majorité, la capacité de disposer entre-vifs, les régimes matrimoniaux, la dévolution des biens *ab intestat*, etc., qui faisaient des diverses provinces de notre ancienne France, à n'envisager que le droit, presque autant d'États à part.

C'est pourquoi certains esprits ont pensé que la matière du domicile eût été traitée mieux à sa place dans le Code de procédure, par la raison que c'est là surtout qu'en apparaît l'importance actuelle. Cependant les législateurs du Code civil se sont décidés à ranger la loi du domicile parmi celles qui sont consacrées au classement juridique des personnes, en considération du but général du domicile qui fait de la loi qui le régit une loi d'organisation civile. Sans le domicile, en effet, le système de division du territoire français en départements, arrondissements, cantons, communes, serait incomplet. Le domicile rattache à chacune de ces circonscriptions un certain nombre d'individus par des droits à exercer et des obligations à remplir. C'est devant les autorités de la localité où la personne est fixée qu'elle devra être appelée par son adversaire, quand elle jouera le rôle de partie défenderesse ; c'est à son domicile que les assignations, significations et tous exploits devront être adressés, car ce domicile représente en quelque sorte la personne en son absence. (Art. 68 C. pr.) C'est aussi à ce domicile que s'ouvre la succession de tout individu, et c'est le tribunal du lieu où est situé ce domicile qui doit être saisi des demandes et des procès relatifs à cette succession. (Art. 110 C. N.)

Les raisons qui ont fait admettre la réglementation du domicile dans le Code civil ressortent avec vigueur du rapport du tribun Mouricault : « Tous les actes du droit civil réclament dans le Code de ce droit des dispositions relatives au domicile. N'y eût-il que la nécessité de remplir au domicile de chaque citoyen la plupart des formalités relatives à son état civil, telles que les actes de la publication et de la célébration du mariage, ceux du divorce, de la tutelle et curatelle, il n'en faudrait pas davantage pour qu'il fût convenable de trouver, à l'ouverture du livre de l'état des personnes, les dispositions relatives au domicile..... »

L'idée de domicile nous a été suggérée par la nature même des choses. En principe et d'ordinaire, le domicile est le lieu où chacun a ses habitudes, ses affections, ses intérêts ; où il revient après s'en être éloigné momentanément ; c'est un lieu auquel chacun s'est habitué, s'est attaché, dont on ne s'éloigne que pour quelque temps et avec esprit de retour, avec lequel nous avons une relation morale. C'est ce qui est élégamment exprimé par la loi 7, Code, *de incolis* : « .... Singulos habere domicilium..., ubi quis larem, rerum ac fortunarum summam constituit ; ... unde non sit discessurus, si nihil avocet, ... quod si rediit, peregrinari jam destitit. » Pour reconnaître le domicile, la loi n'a eu qu'à constater les faits.

Dans son sens propre et juridique, le domicile est le siége légal de la personne : c'est là qu'elle est toujours présumée être au point de vue du droit et pour l'application de ce droit. M. Ortolan combat énergiquement la définition du domicile donnée par M. Demante et quelques autres auteurs, et soutient qu'on ne peut dire que le domicile d'une personne soit la relation légale de cette personne avec un lieu déterminé. Cette définition de M. Demante, pour être trop absolue ne définit rien ; car on ne comprendrait pas un droit qui ne consisterait pas dans une relation entre une personne et une autre (créance, filiation), ou dans une relation entre une personne et une chose (propriété, possession). C'est ainsi qu'on peut dire que le domicile est une relation spéciale entre une personne et un lieu.

De même que la loi crée des personnes qui n'existent pas matériellement, de même elle crée des faits, et le domicile en est un, qu'elle tient pour existants, qu'ils le soient ou ne le soient pas. Pour l'exercice ou l'application de certains droits, la loi suppose que chaque personne a un domicile, qu'elle détermine d'après certaines circonstances ; c'est là que la personne est toujours censée être, et qu'on devra agir en conséquence, qu'elle y soit ou non en réalité. En somme le domicile est le siége, la demeure qu'une personne est censée toujours avoir aux yeux de la loi pour l'exercice ou l'application de certains droits. Ortolan, *Inst. expl.*, t. I, p. 402, note 1.

Le domicile, tel que l'entend la loi, est donc une abstraction légale, et c'est bien ce qui semble résulter de l'art. 102 C. N. « Le domicile... est *au* lieu où l'on a son principal établissement...» Le rédacteur a bien eu soin de ne pas mettre *le* lieu, afin d'écarter toute idée du lieu en lui-même, du lieu matériel.

Pourtant, en pratique, on entend par domicile le lieu même où une personne a établi le siége de ses affaires et le centre de ses intérêts. Parfois nous trouvons même dans la loi une confusion apparente entre les idées de domicile et de résidence. Ainsi, par exemple, dans l'art. 781, 5°, C. pr., en cas de contrainte par corps, nous voyons que le mot domicile est employé dans un sens qui comprend aussi la simple demeure. De même dans les art. 87 C. inst. crim. et 184 C. pén. les rédacteurs de ces articles ont été entraînés par le sens usuel du mot domicile, que l'on confond souvent avec la simple résidence.

Le mot domicile est donc pris dans deux acceptions différentes :

1° C'est le siége légal de la personne, dans le sens de l'art. 102 : « Le domicile... est au lieu où l'on a son principal établissement. »

2° C'est aussi le lieu lui-même, la maison maté-riellement parlant, où se trouve ce principal établis-sement.

Quand l'art. 102 nous dit que : « le domicile de tout Français, quant à l'exercice de ses droits civils, est au lieu de son principal établissement, » nous devons bien nous garder d'en conclure que le Français ne puisse faire les actes de droit civil qu'à son domicile. Au contraire, il va sans dire qu'il peut les faire tous, en quelque endroit qu'il se trouve, dès l'instant qu'il n'est pas frappé d'incapacité à raison de son âge, de son état d'interdiction ou de toute autre cause lui enlevant l'exercice de ses droits. C'est seulement par exception que la loi exige l'accomplissement de certains actes au domicile même : ainsi le mariage doit être célébré au domicile de l'un des époux, 165 C. N., l'opposition au mariage doit être faite au lieu où le mariage devra être célébré, 176, — l'adoption ne peut s'effectuer que devant le juge de paix du domicile de l'adoptant, 353, et inscrite au registre des actes de l'état civil de ce lieu, 359.

Lorsque le législateur a parlé dans l'art. 102 de l'exercice des droits civils de tout Français, c'était seulement pour réserver la question de l'exercice des droits politiques relativement au domicile, et il voulait laisser à entendre que pour le moment il n'en était pas question et qu'une loi postérieure viendrait réglementer spécialement cette matière. C'est ce que firent plus tard l'art. 10 de la loi du 19 avril 1831 et le décret du 2 fév. 1852. — Nous traiterons à part le domicile politique.

Ici peut être placée l'une des questions les plus graves et les plus difficiles de cette matière : l'article 102 nous dit que tout Français a son domicile au lieu de son principal établissement. L'étranger peut-il avoir aussi son domicile en France?

Il est bien généralement admis que l'étranger qui a été autorisé par le chef du gouvernement à établir son domicile en France, conformément à l'art. 13 C. N., y jouit d'un véritable domicile, en même temps que de tous les autres droits civils, tant qu'il réside dans notre pays. C'est en vain qu'on opposerait que cet étranger n'est pas encore Français, tant qu'il n'a pas été naturalisé, et que par conséquent l'art. 102 ne lui est pas applicable ; qu'il n'est pas encore établi d'une manière fixe et perpétuelle en France, puisque le gouvernement peut lui retirer d'un moment à l'autre l'autorisation de rester en France. Il faut répondre que l'intention de se fixer en France définitivement n'est plus douteuse chez un étranger quand, après avoir demandé et obtenu l'autorisation d'y demeurer, il s'y est établi réellement et y jouit des mêmes droits civils que les Français. La possibilité du retrait de l'autorisation qui lui a été accordée ne peut pas motiver la privation du domicile en France ; il a ce domicile, comme la jouissance des autres droits civils, jusqu'à ce qu'ils lui aient été retirés.

Mais la question devient bien plus difficile à trancher lorsqu'il s'agit, non plus de l'étranger autorisé conformément à l'art. 13, mais de celui qui s'est fixé en France, sans aucune autorisation du gouvernement. Les auteurs les plus autorisés sont divisés sur la solution de cette question. Examinons-la donc :

Et tout d'abord, je veux écarter de la discussion l'art. 102, qui fournit une arme à deux tranchants et est invoqué dans chaque opinion. Il me semble ne rien renfermer de bien probant pour la solution de cette difficulté. Les mots « domicile de tout Français » ont-ils été pris par opposition aux étrangers en général, et le législateur a-t-il entendu par là exclure les étrangers du droit d'avoir un domicile civil en France? — Ou bien, le législateur a-t-il voulu parler du domicile civil seulement, par opposition au domicile politique? Et dans ce sens, l'art. 102 ne pourrait plus servir à refuser aux étrangers le droit d'avoir un domicile civil, car cet article statuerait tout à fait en dehors d'eux. Ces deux interprétations possibles et opposées annulent l'argument que chaque parti veut en tirer en sa faveur.

Voyons donc ce qui reste :

Ceux qui soutiennent que l'étranger, même non autorisé à demeurer en France par l'empereur, peut y avoir son domicile, s'appuient sur les principes généraux en cette matière et sur l'ancienne jurisprudence. Ils admettent d'abord que l'étranger jouit dans notre pays de tous les droits civils qui ne lui ont pas été retirés explicitement ou implicitement par nos lois. Puis, arrivant à la définition du domicile, ils disent : Le domicile d'une personne est, en principe, au lieu où elle a son principal établissement. Or, aucune loi n'a défendu à l'étranger de venir fixer sa demeure en France, d'y avoir le centre de ses intérêts, le siége de ses affaires, de s'y marier et d'y rester avec sa famille au milieu de toutes ses affections, en un mot toutes choses qui constituent les caractères distinctifs du domicile. — On ne peut l'accuser d'avoir l'intention de retourner un jour dans son pays ; il a pu, à cet égard, manifester une volonté contraire des plus formelles. Du reste, quand bien même il aurait un jour l'intention de retourner dans sa patrie, il n'y aurait pas là une raison suffisante pour lui refuser un domicile en France : ne voyons-nous pas l'art. 109 déclarer que le domicile des personnes qui servent ou travaillent habituellement chez autrui est situé au même lieu que le domicile de leur maître? Et cependant la loi admet fort bien chez ces domestiques ou salariés quelconques la possibilité d'avoir l'intention de se retirer un jour dans leur pays natal ou tout autre qui leur semblera bon. — Sans doute, l'étranger ainsi établi en France sans autorisation peut à chaque instant recevoir l'injonction de quitter le pays ; sans doute, ce domicile où il se sera fixé ne comptera pour rien le jour où il voudra se faire naturaliser Français, et il aura à subir l'épreuve d'un stage de dix ans de résidence autorisée ; mais on ne saurait conclure de là que le domicile qu'il s'est choisi n'a pas, dans son intention, le caractère de fixité exigé par la loi et qu'il n'a pas la volonté d'y rester, jusqu'à ce qu'on l'en chasse administrativement. Pour lui s'applique donc la loi commune qui n'exige, pour acquérir un domicile, que l'habitation réelle d'un lieu, jointe à l'intention de s'y fixer définitivement. — Si les partisans du système contraire veulent opposer un avis du conseil d'État du 20 prairial an XI, ainsi conçu : « Le conseil est d'avis que, dans le cas où un étranger veut établir son domicile en France, il ne le peut qu'avec l'autorisation du gouvernement, » les défenseurs de l'opinion que j'expose répondent, et avec raison, je crois, que cet avis est hors de la question ; il ne s'agissait, en effet, que de décider quelles conditions devait remplir le domicile de l'étranger en France pour le faire parvenir à la naturalisation, et le conseil disait que c'était le domicile dont parle l'art. 13, conforme à la constitution de l'an VIII.

En somme, en interprétant l'art. 102 comme ils le font, les partisans de ce système en arrivent à dire : Le domicile de tout individu est au lieu où il a son principal établissement : c'est un droit civil ouvert à tout le monde. L'étranger peut donc avoir un domicile en France, sans avoir été admis à l'y établir conformément à l'art. 13. Il y aura seulement cette différence entre celui qui aura été autorisé et celui qui ne l'aura pas été, que le premier seul jouira de tous les droits civils, et que l'autre n'aura que les droits laissés aux étrangers ordinaires, ceux qui ne leur sont pas enlevés. (Merlin, *Rép.* v° *Domicile*, § 13. — Valette, *sur Proudhon*, t. Ier, p. 237 ; Richelot, t. Ier, p. 312, note 1 ; Demante, 1, n° 128 *bis*. — Paris, 15 décembre 1853.)

Je crois cependant que l'opinion contraire, d'après laquelle l'étranger ne peut, sans autorisation du gouvernement, avoir de domicile proprement dit en France, est plus conforme au droit, au texte de la loi et à son esprit sur cette matière spéciale. Tout d'abord on est entraîné à adopter le premier système ; il satisfait davantage l'esprit et paraît plus conforme aux idées générales que nous avons du domicile. Mais, outre les arguments que j'ai déjà fait valoir dans l'exposition de la première opinion, et auxquels elle trouve réponse, il en est un qui me paraît décisif, c'est le texte de l'art. 13 : « L'étranger qui aura été admis, par autorisation de l'empereur, à établir son domicile en France, y jouira de tous les droits civils tant qu'il continuera d'y résider. » Cet article suppose, en effet, que, pour avoir un domicile en France, il faut avoir une autorisation du chef de l'État, et déclare que cette autorisation, jointe à l'établissement réel du domicile, a pour résultat de donner à cet étranger la jouissance de tous les droits civils. Dans cet art. 13, il ne s'agit pas de naturalisation, mais seulement de la concession faite à l'étranger de tous les droits civils. Ce qui vient corroborer d'une façon décisive cette interprétation de l'art. 13, c'est le discours du tribun Gary, disant : « J'observe sur l'art. 13 qu'il n'y a aucune objection contre la disposition qui veut que l'étranger ne puisse établir son domicile en France, s'il n'y est admis par le gouvernement. » Cette phrase, bien formelle, ne fut l'objet d'aucune contradiction ; elle était donc bien l'expression de la volonté des rédacteurs du Code civil. Il faut donc en conclure que le droit d'avoir un domicile est un droit civil spécial, et qu'il n'appartient à l'étranger que dans les cas, des art. 11 et 13, c'est-à-dire lorsqu'il y a un traité conclu à cet égard entre la France et sa patrie, ou quand il a l'autorisation du chef de l'État. Hors ces deux cas, les étrangers fixés en France n'auront qu'une résidence plus ou moins prolongée, produisant même certains effets de droit (art. 59, 1ᵉʳ al., et 69, 8°, C. pr.), mais ne pouvant être considérée comme domicile véritable, siége légal. Les étrangers, dont parlent les art. 11 et 13 seulement, jouiront de certains droits qu'ils n'ont pas d'ordinaire ; par exemple, ils pourront faire partie de la garde nationale (loi du 22 mars 1831) ; ils ne seront plus contraignables par corps pour toute espèce de dettes excédant 150 francs (art. 14, loi du 17 avril 1832) ; ils seront dispensés de la caution *judicatum solvi*, quand ils jouent le rôle de demandeur, art. 16, etc. (Demangeat, *Condition civ. des étr. en France*, n° 31. — Demol., I, n° 268. — Duranton, I, n° 353. — Coin-Delisle, art. 13, n° 11. — Dalloz, v° *Domicile*, § 2, n° 22. Paris, 25 avril 1842. — 5 déc. 1844.)

En dehors du domicile ordinaire, il arrive souvent qu'on en choisit d'autres dans des lieux divers pour certaines affaires déterminées, et qu'on nomme domiciles *d'élection*. Le domicile ordinaire s'appelle domicile *réel*. On les distingue encore par les noms de domicile *général*, domicile *spécial*.

CHAPITRE PREMIER
DOMICILE RÉEL OU GÉNÉRAL

SECTION PREMIÈRE. — *Caractères et signes distinctifs du domicile.*

Nous savons déjà ce qu'est le domicile : il est au lieu où le Français a son principal établissement, c'est-à-dire au lieu où il a le centre de ses affaires, de sa fortune, de ses habitudes, le siége de sa vie sociale et domestique, *rerum ac fortunarum summam.* C'est là qu'il doit avoir l'intention de rester, de s'attacher d'une manière fixe et permanente. Le domicile résulte donc des faits et des circonstances. La question de savoir où chacun a le sien doit être résolue par les magistrats, d'après les circonstances particulières, et leur décision ne tombe point sous le contrôle de la Cour de cassation. Tous les auteurs sont d'accord à cet égard. (Demol., I, n° 345. — Toullier I, n° 376. — Marcadé, art. 103, t. I. — Dur., I, n° 358.)

Le mot *établissement*, employé par l'art. 102, doit être compris dans son sens le plus général et le plus étendu : le principal établissement variera suivant les individus, leur genre de vie, leur position sociale, leur profession.

Le domicile et la résidence sont deux choses bien différentes et qu'il faut se garder de confondre : la résidence est le fait matériel de la présence d'une personne dans un lieu, *res facti;* le domicile est le droit, *res juris,* qui subsiste sans que le domicilié soit dans la nécessité d'y habiter. Le domicile, aux yeux de la loi, est une institution qui a précisément pour but de réparer l'absence de la personne par une présence qui ne peut pas manquer d'exister, celle du lieu qui représente le domicilié. Il ne faudrait pas pourtant séparer le domicile de toute idée de résidence ; elle est un des indices principaux qui permettent de le reconnaître, et même pour qu'il y ait changement de domicile, il est nécessaire qu'il y ait résidence réelle dans le lieu qu'on a choisi pour nouveau domicile. Il y a cependant des cas où la translation de domicile a lieu en dehors de toute espèce de résidence ; c'est quand la loi, à raison de certaines circonstances, détermine elle-même de plein droit ce domicile, 107 et 108. La résidence, qui ordinairement est nécessaire pour constituer le domicile, n'en est donc pas un élément essentiel.

Il arrive souvent qu'une même personne a plusieurs établissements d'une importance égale : alors il y a difficulté pour distinguer quel est celui de ces établissements qui doit être considéré comme son domicile, quand d'ailleurs sa volonté n'a pas été manifestée à cet égard. Ainsi, cette personne peut être un commerçant ayant plusieurs comptoirs dans des villes différentes de la France : il séjourne autant dans l'une que dans l'autre pour la surveillance de ses affaires. Pour trancher cette question, le Code ne nous donne et ne pouvait nous donner que l'art. 102, et nous dire : son principal établissement sera le lieu de son domicile. Maintenant c'est aux tribunaux à apprécier les circonstances et à décider lequel de ces établissements doit être considéré comme son domicile. Sans avoir la prétention de donner une énumération complète de ces circonstances, nous pouvons en citer quelques-unes comme plus fréquentes et plus importantes. Ainsi :

1° Une résidence plus habituelle dans un certain lieu, surtout si c'est son domicile d'origine.

2° La déclaration, émanant de la personne dont on recherche le domicile, faite dans des actes ou contrats, qu'elle est domiciliée dans tel endroit. Sa comparution devant le tribunal du lieu dans une affaire personnelle où elle n'a pas opposé le déclinatoire. Art. 59 C. pr.

3° L'établissement du ménage et de la famille dans un de ces lieux. Quand le père de famille va dans un autre lieu, il est censé voyager et avoir le désir de revenir au milieu des siens.

4° L'exercice des droits électoraux dans un lieu, si la personne n'a pas déclaré séparer son domicile politique de son domicile réel.

En général, il y a réunion de ces deux domiciles, et telle est la présomption tant qu'il n'y a pas preuve du contraire. (Art. 10, loi du 19 avril 1831.)

8

5° Le payement de la contribution personnelle, qui n'est due que dans la commune du domicile réel. On ne pourrait donner la même importance au payement de la contribution mobilière, car elle est due partout où l'on a un appartement meublé à ses frais, qu'on y ait son domicile ou une simple résidence. (Cass., 21 mai 1842, 15 mars 1843.)

6° Le service de la garde nationale, dû par le Fran çais à son domicile réel (art. 9, loi du 22 mars 1831). Dans le département de la Seine, ce service est dû à raison de la simple résidence habituelle. (Art. 1, loi du 14 juillet 1837.)

7° L'acquisition de propriétés, l'établissement d'un fonds de commerce, l'acceptation d'un emploi, etc.

Tous ces indices et d'autres encore aideront les magistrats, appelés à juger en fait, à déterminer le domicile d'une personne. Ils apprécieront leur valeur, et leur décision sera à l'abri de la cassation.

Peut-on avoir plusieurs domiciles réels? — L'intérêt de cette question apparaît lorsqu'il s'agit d'exercer des poursuites contre une personne dont le domicile est incertain. — On a essayé de soutenir l'affirmative, en s'appuyant sur le Droit romain, qui confirmait cette décision dans les lois 6, § 2, 27, §2, *ad, munic.*, Dig.; puis sur l'ancien Droit où l'influence romaine avait pénétré. (Maleville, *Analyse raisonnée du C. civ.*, p. 110.)

Mais il n'est pas douteux qu'il faille admettre la négative : cela résulte des travaux préparatoires et du texte même des art. 102 et suivants. Le tribun Malherbe, dans son discours au Corps législatif (séance du 23 ventôse an XI), proclame ce principe : « Chaque individu ne peut avoir qu'un domicile, quoiqu'il puisse avoir plusieurs résidences. Il était essentiel de ne laisser aucun doute sur l'unité de domicile, pour prévenir les erreurs et les fraudes que pouvait produire le principe contraire, admis dans l'ancienne jurisprudence : cette unité est positivement établie par le 1ᵉʳ article de la loi proposée. »

D'ailleurs l'art. 102 nous dit que, s'il y a plusieurs établissements, le domicile est au principal, c'est-à-dire à un lieu unique ; puis, art. 103 et 104, l'acquisition d'un domicile nouveau est nécessairement subordonnée à l'abandon complet de l'autre. L'art. 110 nous dit que la succession d'une personne s'ouvre à son domicile, afin que les affaires de l'hérédité se trouvent concentrées dans un lieu unique et devant un seul tribunal, etc. — Le législateur reconnaît bien le concours de plusieurs domiciles, mais d'espèces différentes (domicile civil, politique, réel, d'élection,) et non l'existence de deux domiciles réels à la fois, art. 2, 59, 69-8° C. pr.

Cette décision, qu'une personne ne peut avoir qu'un domicile, est bien préférable à l'autre, car la multiplicité des domiciles amènerait des difficultés nombreuses, quand il y aurait pour un même individu plusieurs établissements. (Duranton, I, n° 359 ; Zach., I, p. 279 ; Rich., I, n° 224.)

En théorie, il me semble bien prouvé qu'on ne peut

avoir qu'un domicile ; mais, en pratique, il arrive souvent que les choses se passent comme si l'on pouvait en avoir plusieurs. On voit fréquemment, en effet, qu'une personne poursuivie devant le tribunal dans le ressort duquel elle a un établissement n'oppose pas le déclinatoire, bien que cet établissement ne soit pas le lieu où elle a son domicile. Ou bien encore, les tiers ont pu être induits en erreur par le défendeur, qui se dit domicilié là où il ne l'est pas; alors les poursuites devront être déclarées valables et le tribunal saisi sera compétent. Les tiers ont été trompés par le dire du défendeur et les apparences; pour eux, il y a un domicile véritable, sinon réel au moins d'élection, et le déclinatoire ne peut plus leur être opposé. (Art. 111, 1382.) Il y a là une question de bonne foi et de dommages-intérêts. (Dalloz, § 2, n° 9, v° *Dom.*; Delvinc., I, p. 41, n° 6. ; Demol., I, n° 347.)

Après nous être demandé si une même personne peut avoir deux domiciles, nous arrivons à une question plus difficile : Un Français peut-il n'avoir pas de domicile en France ?

Les précédents sur cette matière sont contradictoires : en Droit romain la loi 27, § 2, *ad mun.*, admettait bien qu'on pouvait être sans domicile, mais que c'était un cas rare. Au contraire, Pothier (*Intr. gén. aux cout.*, n° 12) déclare que personne ne pouvait être sans domicile dans notre ancien Droit.

Aujourd'hui, en raisonnant à l'aide des textes et en pure théorie, il faut admettre la même solution que

Pothier. L'art. 102 suppose que tout Français a un domicile, en déclarant qu'il est à son principal établissement. — En naissant, chacun reçoit de ses parents un domicile, dit d'origine, qu'il garde forcément jusqu'à sa majorité ou son émancipation. Si l'enfant a perdu ses parents, son domicile est de droit chez son tuteur, art. 108.

Ce domicile d'origine et légal est conservé après la majorité ou l'émancipation, tant qu'il n'a pas été abandonné pour en prendre un autre, 103, 105. Voilà comment on ne peut pas être sans domicile : la loi commence par vous en assigner un, puis vous le gardez jusqu'à ce que vous en ayez acquis un autre, l'art. 103 semble ne pas admettre la possibilité d'un abandon pur et simple. — Les art. 2 et 59 C. pr. paraissent faire croire qu'on peut n'avoir pas de domicile, mais aussitôt on les compare à l'art. 69, § 8, qui, statuant dans les mêmes circonstances, dit : « ceux qui n'ont pas de domicile *connu en France....* » C'est donc, dit on, qu'on a toujours un domicile, bien qu'en fait il puisse être inconnu. — D'après l'art. 270 C. pén., le vagabond est celui qui n'a pas de domicile *certain ;* la loi suppose donc qu'il en a un, et certes si une personne peut être dite sans domicile, c'est le vagabond. Il paraît donc, à ne s'en tenir qu'aux textes, qu'un Français doit toujours avoir un domicile en France. (Toullier, I, n° 371 ; Proudhon, I, p. 343 ; Marcadé, a. 102 ; Richelot, I, n° 224 ; Durant., I, n° 360. – Bordeaux, 4 août 1840.)

M. Duverger, dans son cours, combat cette décision. Il trouve trop dangereux d'admettre et de pousser à l'extrême cette théorie du domicile d'origine, qui tombe dans l'abstraction et manque le but, essentiellement pratique, de l'institution du domicile. Un individu peut avoir abandonné depuis longtemps son dernier domicile, n'y avoir conservé aucune relation, et vouloir qu'on y remette les assignations et significations, c'est laisser la personne dans une complète ignorance des actes qui devaient lui être connus. Puis, le savant professeur réfute ainsi les arguments de texte : — L'art. 102 dit que le domicile de tout Français est au lieu de son principal établissement : il faut comprendre quelle a été la pensée du législateur. Il n'a pas voulu décider la question de savoir si tout Français doit avoir un domicile en France, cette expression générale « tout Français » n'avait pour but que de comprendre les femmes et les enfants, et surtout de dire qu'il n'entendait rien décider relativement au domicile politique. — Quant à la conservation nécessaire d'un domicile pour tout Français, fondée sur l'art. 103. elle dépasse et le sens et le texte de l'article ; en effet, il y est dit comment on acquiert un nouveau domicile et à quelles conditions, mais la question de savoir si l'on peut abandonner son domicile sans en prendre un autre reste tout à fait en dehors. Enfin, l'argument tiré de l'ancien Droit perd beaucoup de sa force, si on observe qu'au temps où parlait Pothier, il fallait absolument avoir un domicile pour avoir un statut personnel : aujourd'hui, c'est le Code, et non plus une coutume particulière, qui règle le statut personnel de tous les Français. M. Duverger conclut donc en disant qu'une personne peut être sans domicile, et qu'alors ce sera sa résidence qui en tiendra lieu. Art. 2 et 59 C. pr. (Nîmes, 4 pluv. an IX.) — M. Demolombe (I, n° 348), tout en reconnaissant l'exactitude de la solution théorique de cette question, admet celle de M. Duverger comme seule possible en pratique, dans certains cas. Il se peut, dit-il, que la personne dont on recherche le domicile soit un de ces êtres vagabonds, qui courent de ville en ville sans se fixer dans aucune, un saltimbanque par exemple, un de ces individus qui n'ont feu ni lieu, qui naissent là où le hasard fait trouver leurs parents au moment où ils viennent au monde. On pourra dire que cette personne est sans domicile, même d'origine, car ses parents n'en ont pas à proprement parler, et, par la suite, elle n'en acquerra pas non plus en menant la même vie qu'eux. Aussi les textes prévoient ce cas, où une personne n'a réellement pas de domicile (art. 2, 59, 69, 8°, C. pr.) : alors la résidence actuelle en tient lieu ; et si la résidence n'a pas un caractère de stabilité sérieuse, le demandeur pourra saisir son propre tribunal de la demande ; une copie de l'exploit d'assignation sera affichée à la porte du tribunal et une seconde copie donnée au procureur impérial.

Aux termes de l'art. 110, la succession d'une personne s'ouvre à son domicile. Mais si cette personne n'a pas de domicile connu, où s'ouvrira sa succession? Au lieu de sa résidence. Et si elle n'a pas même de résidence? Cela peut arriver, par exemple, c'est un Français, né de parents français à l'étranger, qui n'a jamais demeuré en France, qui n'y est peut-être jamais venu. Dans ce cas, s'il n'y a qu'un héritier, ce sera le tribunal de son domicile qui devra juger toutes les demandes relatives à l'hérédité; et s'il y a plusieurs héritiers, ils devront faire choix d'un domicile pour les affaires de la succession, ou bien ce sera le tribunal de celui qui se portera le premier demandeur qui sera valablement saisi. — La question que nous venons d'examiner touche de près à celle-ci : — Un Français peut-il transporter son domicile à l'étranger, de manière à n'en plus conserver aucun en France ?

Si nous admettions qu'un Français a toujours et forcément un domicile en France, nous lui refuserions par là même le droit d'en avoir un à l'étranger, en vertu du principe de l'unité de domicile réel, qui ressort des art. 102 et suiv. et qui fut l'objet d'explications formelles au Corps législatif. (*Voir* plus haut, disc. du tribun Malherbe.) C'est à cette solution que s'arrête M. Demolombe (I, n° 349). Il part de ce principe, qu'en théorie, un Français ne peut prétendre qu'il n'a pas de domicile en France. La loi sur le domicile, dit-il, ne soulève pas que des questions d'intérêt privé ou de procédure, c'est aussi dans son ensemble et son but général une loi d'organisation et d'ordre social. Le Code (103) n'admet pas l'abandon pur et simple du domicile ; pour qu'il y ait perte d'un domicile, il faut qu'il y ait eu acquisition d'un nouveau ; or, un domicile à l'étranger n'est rien pour la loi française et l'art. 102 ne parle que d'un établissement en France. La disposition de l'art. 69,9°, qui admet que le Français peut être établi à l'étranger, n'a rapport qu'à la remise des exploits. Enfin, l'établissement d'un Français à l'étranger, s'il ne s'y est pas fait naturaliser, n'a pas cette fixité, ne donne pas la preuve de la perte de l'esprit de retour, qui constituent les indices du choix d'un domicile nouveau.

Je suis tout porté à rejeter l'opinion de M. Demolombe, pour adopter l'avis contraire, qui est celui de la Cour de cassation. — En effet, l'art. 102 s'exprime de la façon la plus générale, en disant que le Français a son domicile au lieu de son principal établissement; rien dans cette rédaction ne prouve que la loi exige que cet établissement soit en France. Beaucoup de Français sont établis à l'étranger et n'ont pas conservé l'esprit de retour en France ; même pour enlever toute espèce de doute à cet égard, ils ont pu faire à la municipalité de leur ancien domicile une déclaration d'abandon de ce domicile, avant de partir pour l'étranger. Plus tard, ils s'y trouvent bien, leurs affaires prospèrent, ils y restent et y assoient leur fortune. Peut-on dire que ces Français soient toujours domiciliés en France ? Il se peut même qu'ils n'y aient jamais été domiciliés, car ils peuvent être nés de familles françaises ayant abandonné depuis longtemps leur patrie. — Mais, nous dit-on, l'abandon pur et simple du domicile n'est pas possible, 103. — Nous avons déjà répondu à cette objection dans une précédente question, et nous avons dit que l'art. 103 ne faisait que régler les conditions de changement de domicile, que c'était en exagérer la portée que d'y vouloir voir, dans toutes les circonstances, une prohibition à un abandon de domicile. D'ailleurs, quand M. Demolombe nous dit que le domicile du Français en pays étranger est inexistant aux yeux de la loi française, il me semble faire une pétition de principe, car il s'agit précisément de savoir si un Français qui a transporté son domicile à l'étranger a fait une abdication absolue de son domicile, et si la loi française ne tient pas compte de ce domicile, choisi hors de sa puissance. La loi française admet si bien qu'on puisse être domicilié à l'étranger que, art. 69,8° et 9° et 74 C. pr., elle distingue, pour la remise des exploits, ceux qui sont *établis à l'étranger* et ceux qui n'ont pas *de domicile connu et qui résident en France.*— Puis, dire que le Français ne peut avoir de domicile à l'étranger, s'il n'y est naturalisé, c'est confondre le droit politique et le droit civil : le domicile est un droit qui dérive de la loi civile et de la volonté de l'homme, il peut être exercé hors du territoire. Art. 7. Enfin, il me semble bien rigoureux de refuser un domicile au Français qui va fonder des établissements commerciaux à l'étranger ou tout autre établissement ayant un caractère de fixité incontestable. — Je partage toutefois l'avis de ceux qui pensent que ce n'est qu'avec une grande réserve et une grande prudence que les tribunaux français devront admettre cette translation du domicile d'un Français en pays étranger. Il faut donc décider qu'il n'est pas impossible à un Français, conservant cette qualité, d'avoir son domicile hors de France. (Dalloz, v° *Domicile*, § 2, n° 20. — Paris, 20 mars 1834. — Ch. des requêtes, 29 décembre 1836. — 17 janvier 1837.)

SECTION II. — *Changement de domicile.*

§ Ier. — Personnes libres de choisir et déplacer leur domicile.

Le Code Napoléon n'a fait que confirmer la doctrine du Droit romain contenue dans la loi 31, *ad mun.* « Nihil impedimento est quominus quis, ubi velit, habeat domicilium, quod ei non sit interdictum. » Chaque personne, en naissant, tient de la loi ou de ses parents un domicile d'origine, et le conserve tant qu'elle n'a pas manifesté une volonté contraire, dans les conditions exigées par la loi. C'est l'idée qu'exprimait M. Emmery dans l'exposé des motifs : « L'enfant n'a pas d'autre domicile que celui de son père, et le vieillard, après avoir vécu longtemps loin de la maison paternelle, y conserve encore son domicile, s'il n'a pas manifesté la volonté d'en prendre un autre. » Et le tribun Mouricault : « Le premier domicile du citoyen est celui de son origine, c'est-à-dire celui de son père : Patris originem unusquisque sequitur. »

Devenue majeure et maîtresse de ses droits, toute personne, en principe, est libre d'abandonner ce domicile d'origine ou légal, de l'art. 108, et de s'en choisir un nouveau, où bon lui semble, suivant son intérêt ou son caprice. — De tout temps et par suite même de la nature que nous avons reconnue au domicile, son changement a été soumis à deux conditions par les législations qui se sont succédé. (Loi 20, *ad mun*. — Poth., *Intr. gén. aux cout.*, n° 14. — Art. 103 C. N.) Ces deux conditions sont :

1° Translation réelle de l'habitation dans le nouveau lieu qu'on a choisi ;

2° Intention d'y fixer son principal établissement.— « Domicilium re et facto transfertur, non nuda contestatione. » Il y a une analogie remarquable entre les conditions d'acquisition d'un domicile nouveau et de la possession en général : « Quum neque animus sine facto, neque factum sine animo ad id sufficiant. »

Il faut donc réunion de ces deux conditions :

Le fait de la translation : sans possession effective, sans habitation réelle, il n'y a pas de changement de domicile possible. Le simple transport des meubles ne suffirait même pas : il doit y avoir occupation, installation de la personne elle-même et toutes les conséquences qu'elle entraîne. (Cass., 17 déc. 1862, aff. Vasseur.) C'est ce qui ressort bien des paroles de Pothier (*Instr. aux cout.*, n° 14) : « Quelques signes qu'ait donnés une personne de la volonté de transférer son domicile dans un autre endroit, et quelque raison qu'elle ait de l'y transférer, elle n'y est pas domiciliée encore, tant qu'elle ne s'y est pas effectivement établie. »

L'intention d'acquérir un domicile nouveau : il doit y avoir volonté de s'approprier pour longtemps un certain lieu et de s'y fixer définitivement. — Les causes de la réunion de ces deux conditions ont été résumées en peu de mots par M. Mouricault : « L'intention qui n'est point accompagnée du fait peut n'indiquer qu'un projet sans issue ; le fait qui n'est point accompagné de l'intention peut n'indiquer qu'un essai, qu'un déplacement passager, que l'établissement d'une maison secondaire. » — Une fois le nouveau domicile acquis, il se conserve par la seule intention ; elle est même toujours présumée, surtout à l'égard du domicile d'origine, tant qu'une volonté contraire ne résulte pas. soit des faits, soit de déclarations?

Quels sont les moyens de reconnaître cette intention ?

Le Code nous dit que, régulièrement, cette intention doit être exprimée par une double déclaration, l'une faite à la municipalité du lieu qu'on quitte et l'autre à la municipalité du lieu où l'on veut fixer son nouveau domicile, 104. Une seule de ces déclarations serait insuffisante et ne remplirait que très-imparfaitement le but qu'on se serait proposé en la faisant ; ce ne serait qu'un de ces faits qui, en l'absence de l'entier accomplissement des formalités prescrites par l'art. 104, permettent au juge de reconnaître qu'en fait il y a changement de domicile.

La loi, en effet, n'a pas voulu résister à l'évidence
de la réalité et a permis aux juges de constater qu'en
fait le domicile d'un individu a été transféré d'un lieu
dans un autre, bien qu'il n'ait pas fait de déclaration
à cet égard. C'est ce que dit l'art. 105 : à défaut de déclaration expresse, la preuve de l'intention résultera
des circonstances, et ce seront les tribunaux qui auront
à statuer sur cette question. Leur décision, ne reposant
que sur des faits et n'étant pas l'application d'un texte
de loi, n'est pas soumise à la censure de la Cour suprême. (Paris, 24 août 1858.)

La personne qui n'a pas soin de faire les déclarations de l'art. 104 s'expose à voir son nouveau domicile contesté par son adversaire et rejeter le déclinatoire qu'elle opposerait devant le tribunal de son ancien domicile, dans un procès où elle jouerait le rôle
de défendeur. Ainsi les tiers qui, sans fraude, l'auront
assignée à son ancien domicile, dans l'ignorance
de son ancien domicile, ou ne sachant pas que sa
nouvelle résidence a le caractère de domicile, ver-
ront valider leurs poursuites que, de bonne foi, ils
ont exercées à l'ancien domicile de leur adversaire.
(Metz, 1er mars 1822 ; Bourges, 6 mai 1822.) Je pense
aussi qu'il est dans l'esprit de l'art. 104, qui n'admet
pas l'abandon pur et simple du domicile, de nécessiter
dans la déclaration faite à la municipalité du lieu de
l'ancien domicile la détermination de la localité où
l'on entend fixer le nouveau, afin que les tiers trouvent à cet ancien domicile tous les renseignements

dont ils peuvent avoir besoin. Si le défendeur changeait de domicile pendant l'instance, toutes les significations faites à l'ancien domicile seraient valables,
s'il n'avait pas porté à la connaissance de ses adver-
saires cette translation de domicile. (Paris, 30 janvier
1811.)

La translation du domicile est-elle immédiate après
les déclarations? ou bien faut-il qu'il se soit écoulé un
certain laps de temps? — Dans l'ancien Droit, il n'y
avait translation complète du domicile qu'après une
habitation réelle du nouveau domicile pendant un an
et un jour. (Art. 173, cout. de Paris.) C'était encore
une ressemblance avec la possession. Art. 25, C. pr.
Aujourd'hui le Code ne fixe point de délai pour la
translation du domicile : les art. 103-105 déterminent
seulement les conditions de cette translation et laissent présumer qu'elle est immédiate, dès qu'il y a intention et habitation réelle du nouveau domicile. Dans
le silence de la loi, fixer un délai, ce serait entrer dans
l'arbitraire : il faut bien que la personne ait un domicile, et ce ne peut être que le nouveau, puis-
qu'elle a abdiqué l'ancien. (Demol., I, n° 353; Dur., I,
n° 357 ; Toullier, I., n° 372; Aubry et Rau sur Zach., I,
p. 282, note I. — Limoges, 1ᵉʳ septembre 1813.)

Nous avons vu, art. 105, que la double déclaration
n'était pas nécessaire pour qu'il y eût translation du
domicile : ce changement peut résulter des faits, laissés à l'appréciation des juges, desquels il résulte l'intention de se fixer dans un nouveau lieu. Les circon-

stances qui éclaireront la justice sont nombreuses et variables suivant les cas : résidence habituelle, établissement du ménage et de la famille, payement de la contribution personnelle, etc. En un mot, cette habitation ne doit rien avoir de passager et de provisoire. C'est pourquoi, on reconnaît que les étudiants, même les internes dans les hôpitaux et les avocats inscrits au stage, n'ont pas un domicile dans le lieu où ils achèvent leurs études, parce que leur résidence n'a pas un caractère de fixité suffisante, que leur intention est de retourner généralement dans leur pays. Loi 3, Code, *de incolis*. Même décision pour les militaires. Art. 93 C. N. et 6 de la loi du 28 février 1790. (Demol., I, n° 354 ; Dur., I, n° 360. — Cass., 1er mars 1829.)

§ II. — Personnes dont le domicile est nécessaire et déterminé
par la loi.

La loi, dans certains cas, a pris soin de déterminer elle-même le domicile de personnes qui, à raison de leur incapacité générale ou de leur position sociale, se rattachent forcément à certains lieux où leur devoir leur assigne de demeurer fixément, ou bien à une personne destinée à les protéger et à les représenter.

Le domicile étant au lieu où l'homme a établi le siége de son administration et de ses intérêts, dit Proudhon (I, p. 244), quiconque est déclaré incapable d'être administrateur de ses affaires ne peut acquérir un domicile propre.

La loi, dans ses art. 107, 108 et 109, comprend cinq classes de personnes :

1° Les femmes mariées, art. 108 ;

2° Les mineurs non émancipés, art. 108 ;

3° Les interdits, art. 108 ;

4° Les fonctionnaires inamovibles et nommés à vie, art. 107 ;

5° Les majeurs qui servent ou travaillent chez autrui et y demeurent, art. 109.

Les trois premiers cas comprennent les incapables qui, étant sous la puissance d'autres personnes, ont leur domicile de droit chez elles. — Le 4° s'applique aux fonctionnaires à qui la loi assigne un domicile par une présomption à l'encontre de laquelle rien ne peut aller, ni le fait, ni l'intention contraires. Enfin, le 5° repose encore sur une présomption qui consiste à supposer une intention du serviteur conforme au fait de sa demeure : il habite chez son maître, la loi lui présume la volonté d'y être domicilié.

Examinons en détail chacun de ces cinq cas, dont quelques-uns soulèvent des difficultés importantes.

1° *Femme mariée.* — « Elle n'a pas d'autre domicile que celui de son mari, » dit l'art. 108, conforme à la tradition (loi 38, § 3, *ad mun.*), et au principe qui est contenu dans l'art. 214, C. N. — Il devait en être ainsi : dès l'instant que le législateur déclare que la femme doit habiter avec son mari et le suivre partout où il lui plaît de résider, il devait admettre, comme conséquence forcée, que la femme ne pouvait avoir son

domicile ailleurs que chez son mari, que l'intention
de la femme ne pouvait être différente de son devoir.
Cette présomption légale du principal établissement
de la femme mariée, fondée sur la nature même du
mariage et sur l'ordre public, ne saurait être détruite
par la preuve d'une intention contraire, et produit
tous ses effets, bien qu'en réalité peut-être la femme
n'ait jamais habité avec son mari. Même une convention formelle, intervenue entre les deux époux,
serait nulle, et ne produirait aucun effet : le mari ne
peut ainsi renoncer à la puissance que lui confère et im-
pose la loi, art. 6, 1388 C. N. « La tolérance du mari,
dit M. Mouricault, ou une sorte de délit de la part de
la femme ne peut modifier les volontés du législateur. » (Dur., I, n° 364. — Demol., I, n° 357. —
Toull., I, n° 375.)

Le moment précis de la confusion des domiciles de
la femme et du mari est l'instant de la célébration du
mariage devant l'officier de l'état civil : dès lors, tout
est commun entre les conjoints, et le domicile de la
femme est transféré au domicile du mari, sans qu'il
soit besoin du fait et de l'intention que la loi déclare
exister par le seul consentement au mariage. — Quelquefois il arrive que le mari prend, après le mariage,
le domicile qu'avait sa femme auparavant : il ne faut
pas croire que la femme, pour cela, ait conservé en
droit son domicile ; il est toujours déterminé par
celui du mari, et il y a eu, abstractivement parlant,
un véritable changement en ce sens que ce domicile

qui, pour elle, n'a pas changé, n'est plus le sien propre, mais celui de son mari.

L'art. 108 s'exprime d'une façon absolue : la femme
a pour domicile celui de son mari. Cependant la question de savoir si la femme séparée de corps judiciairement d'avec son mari conserve toujours en droit et
forcément le domicile de son mari, a été très-agitée.
Aujourd'hui, la jurisprudence et la doctrine paraissent
d'accord pour décider cette question dans le sens de
la négative ; cependant l'affirmative a encore quelques partisans, et voici leur raisonnement :

L'art. 108 emploie des expressions générales et ne
fait pas entre la femme séparée et non séparée la
même différence qu'entre le mineur émancipé et celui
qui ne l'est pas ; c'est donc que le législateur a voulu
établir pour la femme une règle sans exception. Du
reste, au titre de la séparation de corps, nous ne
voyons pas que le législateur ait voulu restreindre la
portée de l'art. 108, alors pourtant que son attention
était éveillée par les précédents de l'ancien droit sur
cette question, résolue dans un sens différent du texte
de l'art. 108. — Puis, dit-on, la femme séparée n'est
pas affranchie de toute puissance, elle est toujours
jusqu'à un certain point sous la tutelle de son mari ;
ce qui le prouve, c'est qu'elle doit toujours, pour faire
certains actes, obtenir son autorisation, et s'il la refuse,
elle doit s'adresser à la justice (217, 219, 905, 934,
1449, C. N.). Enfin, la séparation de corps n'est pas
un état définitif, irrévocable ; la loi espère voir les

époux se réconcilier, et en cela elle est conséquente en déclarant que le domicile de la femme est toujours le même que celui du mari ; la demeure qu'elle prend après la séparation n'a pas un caractère de fixité tel qu'on puisse lui accorder la qualité de domicile (Merlin, v° *Domicile*. — Zach. I, p. 280. — Cass. 26 juillet 1808).

Je n'hésite pas à repousser cette solution, comme complétement contraire à l'esprit de la loi, et je pense qu'il y a une omission dans l'art. 108. Qu'est en effet cet article? La conséquence du principe exprimé dans l'art. 214. Or, la séparation a précisément pour but de desserrer les liens qui unissent les deux époux, de déclarer la femme relevée de son devoir d'habiter avec son mari et de le suivre partout où il juge à propos de résider. Les juges ont reconnu que la vie commune entre les époux n'est plus possible, qu'elle doit cesser ; dès lors, le domicile commun, qui n'en était que le corollaire, doit aussi disparaître, et il est bien naturel d'accorder à la femme le droit d'avoir, en même temps qu'une résidence séparée, un domicile distinct de celui du mari. Il faut donc admettre que la séparation de corps prononcée vient apporter une restriction à la proposition générale de l'art. 108. Cet article, du reste, nous fournit, dans sa seconde disposition, des raisons de limiter la portée de la première : le mineur émancipé peut se choisir un domicile à part, et c'est parce que libre de la tutelle, il a désormais l'administration personnelle de ses biens.

La femme séparée de corps aussi est affranchie de l'autorité maritale et reprend l'administration de sa fortune; elle aussi doit donc pouvoir se choisir un domicile, d'autant mieux qu'elle a la *libre* administration de ses biens (art. 1449), tandis que le mineur émancipé n'en a que la *pure* administration (art. 481 et 484).

Les rédacteurs du Code ont statué très-brièvement sur la matière de la séparation de corps, s'en rapportant au droit ancien pour régler les difficultés qu'ils ne tranchaient pas. Or, dans l'ancien droit, c'était la doctrine de Pothier qui avait triomphé (*Intr. gén. aux cout.*, n° 10) : « Lorsqu'une femme est séparée d'habitation par un jugement qui n'est suspendu par aucun appel ou opposition, elle peut s'établir dans un domicile qui lui devient propre. » Lors de la discussion de l'art. 108, on était sous l'empire de la loi du 20 septembre 1792, dont l'art. 7 n'admettait que le divorce comme mode de désunion des époux, et peut-être a-t-on perdu de vue le cas où une femme serait séparée de corps. — Séparée, la femme est, il est vrai, encore soumise à la nécessité de l'autorisation maritale pour faire certains actes, mais il n'en faut pas conclure qu'elle ne peut avoir de domicile propre; la loi a voulu garantir la femme, les enfants et même le mari au cas de réconciliation, de l'inexpérience de la femme dans la gestion de ses affaires; on ne doit pas retourner contre elle la faveur qui est faite à elle principalement. D'ailleurs, en admettant que la femme séparée peut

avoir un domicile distinct, on tranche bien des difficultés pratiques. Il eût été bien à craindre que le
mari, par vengeance et pour faire tort à sa femme, ne
lui fît pas parvenir les citations et notifications qui lui
seraient adressées au domicile conjugal. S'il était
insolvable, la femme n'aurait aucune indemnité à
espérer pour réparer le dommage que son mari lui
aurait ainsi causé. Puis, il serait étrange de voir la
succession de la femme s'ouvrir, aux termes de
l'art. 110, au domicile du mari qu'elle a quitté depuis
longtemps peut-être, car généralement les séparations
de corps sont prononcées entre époux encore jeunes.
N'est-il pas plus simple d'ouvrir cette succession au
lieu où elle s'est établie? Dire que la possibilité d'une
réconciliation enlève à la séparation le caractère définitif nécessaire pour constituer à la femme un domicile à part, c'est aller contre la vraisemblance des faits
à venir ; cette éventualité de rapprochement ne doit
pas être présumée, quand ce sont des juges qui ont
déclaré que la vie commune était intolérable (Dur. 1,
n° 365. — Val. sur Proud., 1, P. n° 244. — Demol. 1,
n° 358. — Marcadé sur l'art. 108. — Toull. 1, n° 773.
— Orléans, 25 novembre 1848, aff. de Béhague).

Non-seulement je pense que la femme séparée de
corps peut avoir un domicile propre, mais je vais jusqu'à dire, avec M. Demolombe, *loc. cit.*, que, vis-à-vis
du mari, la femme qui a été autorisée par le président à se retirer provisoirement dans une maison
autre que le domicile conjugal, pendant l'instance en

séparation (art. 878 C. pr.), doit être considérée comme ayant un domicile provisoire, au moins quant à la remise des exploits relatifs à la séparation. Cela me semble juste et naturel ; si l'on permettait au mari de se faire adresser chez lui et remettre à lui-même les assignations et notifications qui doivent être portées à la connaissance de la femme, ce serait faire manquer complétement son but à cette procédure, car le mari se garderait bien de faire parvenir à sa femme ces exploits. Dans ce cas, le principe de l'art. 108 n'est plus applicable au mari.

Mais, quant à ce qui regarde les tiers, jusqu'au jugement de séparation de corps, et même après, tant que la femme n'a pas choisi un domicile, ils doivent faire remettre leurs exploits au domicile conjugal. En effet, ils peuvent ignorer l'instance, et alors même qu'ils la connaîtraient, ils ne sont pas autorisés à déroger à l'art. 108, la résidence où le président a autorisé la femme à se retirer manquant pour eux complétement des caractères nécessaires pour créer un domicile. (Nîmes, 13 août 1841.) Toutefois, s'il était bien démontré qu'il y a eu fraude de leur part et collusion avec le mari dans le fait de la signification au domicile conjugal, pendant que la femme était autorisée à s'en retirer, il pourrait y avoir lieu à annuler ces exploits (art. 382). — *Fraus omnia corrumpit.*

Il est un cas encore où la femme mariée peut avoir un domicile particulier : c'est le cas où elle fait un commerce séparé de celui de son mari. Pour les faits relatifs à son commerce, elle a un domicile propre, et le mari peut être assigné devant le juge de ce domicile (art. 420, C. pr.). Il faut à la femme mariée l'autorisation de son mari pour pouvoir être commerçante (art. 4 et 5 C. com.), et cette autorisation la rend aussi capable de contracter et de s'obliger pour son commerce que si elle n'était pas mariée et majeure (art. 7, M. C. — Delvinc., I, pag. 45. not. 6). Le mari, en autorisant sa femme, se soumet à la juridiction du tribunal du lieu où elle établit son commerce, et il y a de sa part une sorte d'élection tacite de domicile dans ce lieu.

Nous verrons aussi que, lorsque la femme est nommée tutrice de son mari interdit, il y a encore exception à l'art. 108.

2° *Mineurs non émancipés.* — Le second paragraphe de l'art. 108 nous dit que le mineur non émancipé a son domicile chez ses père et mère ou tuteur. — Cette disposition de l'art. 108 est, comme la première, la conséquence des principes admis dans la constitution civile de la famille; elle découle des art. 372 et suiv., et 389, C. N. Durant le mariage, le père exerce l'autorité sur les enfants mineurs et non émancipés; ils ne peuvent quitter la maison de leur père sans permission, si ce n'est pour engagement volontaire ; le père, durant leur minorité, est administrateur de leurs biens personnels.

Si pendant cette minorité le père ou la mère vient

à mourir, il y a lieu à tutelle, et la loi nous dit, dans ce cas, que le domicile du mineur sera chez son tuteur. C'est ainsi qu'il faut comprendre la rédaction un peu ambiguë de l'art. 108, qui pourrait au premier abord faire croire que tant que l'un des parents existe, c'est chez lui que le mineur est domicilié. Autrefois, il en était ainsi. Pothier (*Intr. aux cout.* n° 17) pensait, que les mineurs, restant dans leur famille et n'allant point faire partie de celle du tuteur, ne pouvaient y avoir leur domicile. Aujourd'hui, il n'en est plus ainsi : l'art. 108 est contraire à la doctrine de Pothier, qui n'admettait jamais que le mineur pût être domicilié chez son tuteur, même après la mort de ses père et mère. La raison qui a fait placer ainsi au législateur du Code le domicile du mineur est que le tuteur représente son pupille dans tous les actes de la vie civile, qu'il dirige toutes les affaires et la fortune de l'enfant. Art. 450. Le domicile du mineur est celui de son tuteur, alors même que l'un des parents serait survivant et n'aurait pas la charge de la tutelle : c'est ce parent, il est vrai, qui continuerait à prendre soin de la personne de l'enfant; à pourvoir à ses besoins, à exercer l'autorité paternelle, art. 372 ; néanmoins ce n'est pas chez lui que la loi place le domicile de ce mineur; elle veut qu'il soit là où est le centre de ses intérêts, de sa vie civile, chez son tuteur; car c'est là qu'est son principal établissement. C'est là, en effet, que les tiers qui ont des questions d'intérêts à démêler avec le mineur trouveront la personne qui doit leur répondre et s'entendre avec eux. S'ils allaient s'adresser au lieu même où est le mineur, on les renverrait au tuteur, son représentant ; c'est donc là seulement qu'ils doivent aller. Dur. I, n° 367. Demol. X, n° 359. Zach. I, P. 281. Toull. I, n° 375. Jusqu'à la nomination du tuteur, le mineur conserve le domicile qu'il tient de ses parents, et c'est là que provisoirement les exploits doivent être adressés, et le tribunal de ce lieu est valablement saisi des affaires du mineur.

Le domicile du mineur change-t-il avec celui du tuteur, pendant la durée de la tutelle? Sans aucun doute, du vivant des deux époux, le père, en déplaçant son domicile, déplace aussi celui de l'enfant mineur. Mais cela est-il également vrai lorsque le mineur est en tutelle?

L'ancien droit admettait que le père ou la mère pouvait seul, comme tuteur, faire varier le domicile du mineur (Poth. *Intr. aux cout.* n°ˢ 17 et 19. Merlin, v° Domicile, § 5, n° 3). Merlin réfute une erreur qui s'était glissée dans le discours de M. Mouricault au Corps législatif, où il dit qu'on doutait, dans l'ancien droit, que le tuteur pût changer le domicile du mineur. Ce doute n'existait que lorsque le tuteur était un ascendant. Cette décision avait autrefois une importance qu'elle n'a plus, aujourd'hui qu'un droit uniforme régit toute la France ; dans l'ancien droit, au contraire, le changement de domicile pouvait entraîner le changement de coutume et apporter une profonde modification dans le statut personnel du mineur, dans sa capacité et ses droits.

Cependant, même sous le Code, il y a question pour savoir si le tuteur, en prenant un nouveau domicile, peut changer la composition du conseil de famille. Cette difficulté a soulevé les plus vives controverses et donné lieu à plusieurs solutions. Voici celle qui me paraît préférable : — dans aucun cas, le tuteur, par son changement de domicile, ne peut entraîner la translation du conseil de famille, que ce tuteur soit, du reste, légitime, testamentaire ou datif. Il me semble, en effet, qu'il faut distinguer deux choses ; le domicile de la tutelle et le domicile du tuteur. Le domicile de la tutelle, immuable, je le place, aux termes de l'art. 406, au lieu du domicile qu'a le mineur au moment où il y a ouverture de la tutelle, c'est-à-dire au domicile qu'il tient de son père. C'est là que le conseil de famille doit être formé et convoqué par le juge de paix, qui en est le président, art. 407, 416. Ce conseil a mission de vérifier les titres et les pouvoirs du tuteur légitime ou testamentaire, de le reconnaître apte à remplir ses fonctions ou d'apprécier ses excuses, s'il en présente, de nommer un subrogé-tuteur. A défaut de tuteur légitime ou testamentaire, le conseil de famille commencera l'exercice de ses fonctions par la nomination d'un tuteur et d'un subrogé tuteur, art. 422 ; puis il aura la haute surveillance sur les actions et la gestion de ce tuteur, quelque titre qu'il ait d'ailleurs, art. 421, 446, 457 et suiv. ; il est dépositaire d'une partie de la puissance paternelle : la loi a voulu ainsi remplacer, si c'est le parent survivant qui est tuteur, l'influence probable de son conjoint sur les actes qui sont la conséquence de cette puissance, art. 468, etc. Nous voyons le rôle considérable que joue dans la tutelle le conseil de famille ; il est donc facile de comprendre pourquoi nous pensons que le tuteur ne peut, par son changement de domicile, entamer la compétence du conseil de famille auquel il est comptable de sa gestion, et nécessiter la nomination d'un nouveau conseil dans le lieu où il lui plaît de se fixer.

Le domicile du tuteur peut changer, et, aux termes de l'art. 108, le mineur changera de domicile aussi souvent que lui. Mais après ce que nous venons d'admettre pour le domicile de la tutelle, nous ne voyons pas que le mineur ait à souffrir beaucoup de ce changement ; car il n'y a pas à craindre que le tuteur, gêné dans ses volontés par un conseil de famille ou un subrogé tuteur qui veille de près aux intérêts du mineur, ne change de domicile dans le but de faire constituer un nouveau conseil composé de parents ou d'amis plus disposés à adopter ses idées. Je sais bien qu'on m'objectera qu'il peut résulter de cette fixité du domicile de la tutelle beaucoup d'inconvénients qui rejailliront sur le tuteur et le mineur lui-même : entrave à la liberté de changer de domicile, dérangements continuels du tuteur pour se rendre au conseil de famille, frais de voyages qui seront supportés par le mineur, etc. Je ne puis répondre que ceci : qu'il est nécessaire de poser des principes conformes autant que possible à l'esprit de la loi; qu'en cherchant parmi les faits qui peuvent se présenter, il est bien rare qu'on ne trouve pas quelque hypothèse où l'application des principes ne laisse à désirer. Pour le tuteur, la tutelle est une charge qu'il aggrave encore en changeant de domicile; quant au mineur, s'il souffre un peu des précautions prises en sa faveur, il ne faut pas s'y arrêter en présence des garanties sérieuses qu'il y trouve.

Notre art. 108, qui détermine le domicile du mineur par celui du tuteur, doit donc être compris ainsi : le domicile du mineur suit les mêmes variations que celui du tuteur : mais ce tuteur ne peut par sa translation de domicile modifier le personnel de la tutelle ni déplacer le siége du conseil de famille. L'art. 108 ne règle que les rapports des tiers avec le tuteur, comme représentant du mineur; les exploits devront être remis au domicile personnel du tuteur, et c'est là aussi que la succession du mineur s'ouvrirait, s'il mourait encore en état de minorité. Ainsi se trouvent conciliés les art. 108 d'une part, et 406, 407, 422, C. N. 527, C. pr. d'autre part. (Valette, *sur Proudh.* II, P. 315, note 1, — Demol. VII, n°ˢ 237 et suiv. 248, 251. — Taulier. II, P. 26. — Cass. 23 mars 1819. — 11 mai 1842. — 17 déc. 1849.)

Le domicile de l'enfant naturel est chez celui de ses parents qui l'a reconnu; s'il a été reconnu par tous

deux, il est domicilié de préférence chez son père. —
Si l'enfant n'a été reconnu par personne et qu'il soit
dans un hospice, il y a son domicile, et l'un des ad-
ministrateurs sera spécialement chargé de sa tutelle.
(Art. 15 décret du 19 janvier 1811 sur les enfants
trouvés.) Si quelqu'un l'a recueilli et s'est chargé de
l'élever, l'enfant aura le même domicile que son bien-
faiteur. Art. 347, C. pén.

L'enfant de troupe dont les parents sont inconnus a
son domicile dans les résidences diverses du régiment
auquel il a été incorporé. Inst. du min. de la guerre
du 24 brum. an XII. sect. ii. « L'enfant de troupe, qui
n'a jamais eu d'autre domicile que le drapeau, n'a de
publication de mariage à faire que là où se trouve le
corps. » Art. 167, C. N.

3° *Interdits*. — L'interdit a aussi de plein droit son
domicile chez son tuteur, 108 et 509 comb. Merlin
nous rapporte qu'avant le Code civil il en était autrement, que l'interdit conservait son domicile d'origine
ou celui qu'il s'était choisi avant l'interdiction. (Merlin,
v° *Domicile*, § 5, n° 4.)

La disposition de l'art. 108 s'applique aussi à
l'homme qui est interdit légalement, par suite d'une
condamnation à une peine afflictive et infamante,
art. 29, C. pén. — Il résulte de l'art. 108 que la
succession de l'interdit s'ouvre au domicile du tuteur qui lui a été donné par la loi ou le conseil de
famille.

Avant la loi du 8 juin 1850, on reconnaissait que

les déportés, qui conservaient alors leurs droits civils,
perdaient leur domicile en France, mais en acqué-
raient un nouveau dans le lieu qui leur était assigné
pour subir leur peine. Mais la loi du 8 juin 1850,
art. 3, a déclaré que les déportés seraient des interdits
légalement, conformément aux art. 29 et 31, C. pén.
Pourtant, il est fait, dans l'art. 3 même de cette loi, une
exception pour les. déportés qui ne sont pas internés
dans une enceinte fortifiée : ils conservent l'exercice
de leurs droits civils et sont domiciliés au lieu de leur
déportation. — Les bannis, en principe, conservent
leur domicile en France, parce que leur bannissement
n'est que temporaire et qu'une localité ne leur est pas
assignée pour subir leur peine : il ne dépend donc que
d'eux-mêmes d'établir leur domicile à l'étranger, par
leur intention de s'y fixer définitivement. (Dur., n° 573.
— Carré et Chauv., n° 357. — Dalloz, v° *Domicile*,
§ 4, n° 97.)

L'individu pourvu d'un conseil judiciaire est à peu
près dans la même condition que le mineur émancipé
et comme lui peut avoir un domicile propre et en changer. 499, 513, C. N.

Le mari est tuteur de droit de sa femme interdite :
506. Il y a donc dans ce cas deux raisons pour qu'elle
ait son domicile chez son mari. — Mais, il peut arriver, à l'inverse, que ce soit le mari qui soit interdit :
la femme alors peut avoir la tutelle de son mari, 507.
La femme n'ayant plus le domicile de son mari, devenu
incapable d'en avoir un personnellement, acquiert le

droit d'en avoir un propre, en raison de sa qualité de tutrice, et le plus souvent ce sera le domicile conjugal, ancien domicile du mari, qui deviendra celui de sa femme. Nous voyons que cette décision, résultat des principes posés par l'art. 108, amène précisément le renversement de l'un d'eux, quoique en réalité il n'y ait rien de changé sous le rapport de la communauté de domicile. (Dur., n° 366 ; Demol., n° 363.)

Où sera le domicile de la femme non tutrice de son mari interdit ? — La réponse est dans l'art. 108 : Le mari interdit a son domicile chez son tuteur : la femme mariée n'a pas d'autre domicile que celui de son mari ; il s'ensuit naturellement que la femme et son mari auront un domicile commun chez le tuteur du mari. C'est là une stricte conséquence des principes posés en l'art. 108. Cette décision de MM. Duranton (n° 371) et Demolombe (n° 363) me paraît juste et logique : le tuteur qui administre la fortune du mari est naturellement appelé à remplacer le mari dans l'administration des biens de la femme, à moins qu'elle ne soit séparée de biens. Maintenant, quand la femme aura à faire un de ces actes pour lesquels la loi exige l'autorisation maritale, ce ne sera pas le tuteur, ni le conseil de famille, mais bien la justice qui donnera cette autorisation. Art. 222, C. N., et 863 et 864, C. pr. — Bien que domiciliée chez le tuteur de son mari, la femme n'est pas tenue d'y résider ; cela va sans dire, car le tuteur n'a pas l'exercice de la puissance maritale, et elle pourra, comme un mineur non émancipé, avoir son domicile légal chez ce tuteur sans y avoir jamais demeuré.

4° Fonctionnaires nommés à vie et inamovibles. Art. 106 et 107. — « L'acceptation de fonctions conférées à vie emportera translation immédiate du domicile du fonctionnaire dans le lieu où il doit exercer ses fonctions. » Art. 107. — « Le citoyen appelé à une fonction publique temporaire ou révocable conservera le domicile qu'il avait auparavant, s'il n'a pas manifesté d'intention contraire. » 106. — Du rapprochement de ces deux articles, il résulte que le changement de domicile d'un fonctionnaire n'a lieu de plein droit qu'à deux conditions : les fonctions doivent être conférées à vie et irrévocables. Si l'une de ces conditions manque, c'est l'art. 106 qui est applicable, et pour qu'il y ait translation de domicile, il faut appliquer les règles ordinaires, c'est-à-dire exiger la réunion du fait et de l'intention chez la personne qui veut changer de domicile. Comme exemple de fonctionnaires révocables, citons les préfets, les maires, les membres du ministère public, les receveurs généraux, particuliers, d'enregistrement, les juges de paix, etc. — Parmi les fonctionnaires inamovibles, nous trouvons les sénateurs, les magistrats assis, les évêques et les curés. (Art. 6, loi du 18 germinal, an X.)

Le domicile des fonctionnaires de l'art. 107 est transféré de plein droit du jour de l'acceptation de leurs fonctions, c'est-à-dire du jour de leur prestation de serment de fidélité, au lieu où ils doivent exercer ces fonctions. Jusque-là, en effet, le fonctionnaire n'a aucun caractère public; c'est dans ce serment que se trouve la garantie morale que les fonctions seront remplies avec honneur et exactitude. Cette translation de domicile était de toute convenance : M. Mouricault nous dit : « La loi doit croire que le citoyen qui accepte des fonctions perpétuelles veut fermement s'y dévouer, remplir ses devoirs avec exactitude, s'établir à cet effet au lieu de l'exercice, exister du moins principalement dans ce lieu. » De là cette présomption d'intention de fixer son domicile au lieu de l'exercice des fonctions que la loi devait supposer chez le fonctionnaire, à moins d'être inconséquente ou faible. Les déclarations de l'art. 104 sont donc inutiles, l'acceptation des fonctions en est l'équivalent. Une intention contraire à celle que lui suppose le législateur ne serait pas admise : dès l'instant qu'il accepte, le fonctionnaire se fixe pour sa vie dans le lieu où il doit exercer, et l'intention de s'y domicilier est moralement évidente. Cela résulte clairement de la combinaison des deux art. 106 et 107. Cette fixation du domicile a lieu dès avant même que la personne en ait pris possession, avant de s'y être rendue. Pothier (n° 15, *Intr. gén. aux cout.*) n'admettait la translation que du jour où le fonctionnaire était arrivé dans le lieu de l'exercice de ses fonctions. Sa décision était peut-être meilleure, à cause de l'art. 110, car il pourra arriver ce fait bizarre que la succession d'une personne s'ouvrira dans un lieu où elle n'aura jamais paru, si le fonction-

naire tombe malade et meurt après sa prestation de
serment et avant d'avoir opéré sa translation effective
dans le lieu où la loi l'a domicilié. Car, aujourd'hui,
il en est du fonctionnaire inamovible comme de la
femme mariée, il a son domicile dans un lieu déterminé avant d'y être allé.

Les fonctions temporaires ou révocables n'entraînent
point par elles-mêmes translation de domicile, 106.
Faudra-t-il en conclure que le fonctionnaire ne pourra
avoir son domicile au lieu de l'exercice de ses fonctions
qu'autant qu'il aura fait la double déclaration de l'article 104? Ou bien les circonstances qui dénoteraient
chez lui l'intention de transporter son domicile seraient
elles suffisantes, dans les conditions de l'art. 105?
MM. Duranton (n° 362) et Demolombe (n° 366) nous
disent que dans l'ancienne jurisprudence on n'admettait pas de translation, sans qu'il y eût manifestation
expresse de volonté à cet égard de la part du fonction
naire. Ils nous citent un arrêt du Parlement de Paris,
8 juin 1752, qui décida qu'un fonctionnaire, né à Paris et mort en Bretagne après soixante-quatre ans de
résidence, était toujours resté domicilié à Paris, parce
que son emploi était révocable et qu'il n'avait nullement déclaré fixer son domicile en Bretagne.

Je ne pense pas qu'aujourd'hui l'art. 106 permette
de donner semblable décision : ce serait en exagérer
le sens et la portée que d'y vouloir trouver la preuve
de l'exigence des formalités de l'art. 104, et en donner une interprétation contraire aux principes géné-

raux. Pourquoi donc entraverait-on davantage la
translation du domicile de ces fonctionnaires que de
toute autre personne? L'art. 106 ne pose aucune
règle spéciale, et laisse au juge le soin d'apprécier les
faits et d'appliquer les principes généraux contenus
dans les art. 104 et 105. Je crois même que le juge,
faisant application de l'art. 105, devra prendre en
grande considération cette qualité du fonctionnaire,
parmi les autres circonstances, pour décider qu'il est
domicilié là où il exerce ses fonctions, s'il est reconnu
du reste qu'il a rompu toute relation avec le domicile
qu'il avait avant, qu'il s'est établi dans le nouveau
avec sa famille et en a fait son principal établissement.
Mais m'objectera-t-on, si l'art. 106 ne modifie en rien
les principes généraux, il est parfaitement inutile.
Est-il croyable que le législateur n'ait pas voulu y introduire quelque chose de spécial? N'a-t-il pas voulu
mettre en garde le juge qui aurait pu être trop facilement porté à le déclarer domicilié dans sa nouvelle
résidence de fonctionnaire? — La réponse à cette objection est que l'art. 106 est une sorte de préparation
à la déclaration de l'art. 107; la loi veut bien faire
ressortir la différence qu'elle établit entre les deux
classes de fonctionnaires qu'elle distingue. L'art. 106
n'est donc que pour faire antithèse et contraste avec
l'art. 107. L'art. 106 s'en réfère donc aussi bien à l'art. 105
qu'à l'art. 104, pour reconnaître où est en réalité le
domicile du fonctionnaire. Que la loi ait dit que l'acceptation de fonctions temporaires ou révocables n'empor-

tait pas par elle-même et de plein droit translation du domicile, on le comprend; mais en vouloir déduire que cette acceptation de fonctions est un obstacle au changement de domicile, c'est ce qu'on ne saurait admettre. Le déplacement du fonctionnaire est volontaire, dès l'instant qu'il n'exerce ses fonctions que par suite de l'acceptation qu'il en a fait; tout ce qu'on peut accorder, c'est que peut-être le choix de la résidence n'étant pas complétement libre et déterminé par la seule volonté du fonctionnaire, ce seul fait ne suffit pas pour opérer la translation. (Dur, 1, n° 565. — Demol. 1. n° 563. — Cass., 11 juillet 1831. — 20 juin 1832. — Limoges, 12 mars 1844.)

Il faut donc admettre que les tribunaux, conformément à l'art. 105, peuvent, en s'appuyant sur les faits en général et la circonstance de l'acceptation de fonctions temporaires ou révocables, décider qu'en fait, il y a eu intention, de la part du fonctionnaire, de changer de domicile. Il pourrait y avoir là un mal-jugé, mais certainement pas de quoi amener la cassation du jugement pour fausse application de la loi.

Il ne faut pas ajouter d'autres cas de translation domiciliaire de plein droit à ceux qui sont compris dans l'art. 107. La raison d'analogie ne peut être admise dans une disposition d'exception : ainsi, c'est à tort que le tribunal de la Seine avait jugé que le condamné libéré, à qui on a fixé un domicile de résidence pour être sous la surveillance de la haute police, est

dómicilié dans le lieu qui lui est assigné. (Arr. de Paris, 12 juillet 1862.)

5° Art. 109. *Majeurs qui servent ou travaillent habituellement chez autrui.* — Leur domicile est le même
que la personne qu'ils servent ou chez laquelle ils travaillent, s'ils demeurent avec elle et dans la même
maison.

Merlin nous apprend (Rép., v° *Domicile*, § 4, n° 2.)
que dans l'ancien droit on était généralement d'accord pour décider que les serviteurs, domestiques ou
autres, ne prenaient pas le domicile de leurs maîtres
et conservaient le leur, même après des services
longtemps prolongés chez la même personne.—Notre
art. 109 est une innovation : le Code civil a jugé à
propos d'établir une présomption légale pour les personnes au service d'autrui, afin de fixer ainsi le domicile de bien des gens qui n'ont pas d'autre domicile que
celui de leurs maîtres, et prévenir les difficultés qui
pouvaient résulter du doute. Cette décision est, du reste.
bien conforme à l'art. 102 : les personnes qui sont
chez autrui pour servir, ou y exercer leur état, leur
profession, ont sans aucun doute leur principal établissement chez cette personne. Cette pensée ressort bien
des paroles du tribun Mouricault au Corps législatif :

« C'est en effet dans ce lieu que doit être présumé
placé l'établissement principal de l'individu que son
service ou son travail y retient, de l'individu dont ce
service ou ce travail journalier forme le moyen d'existence ou constitue l'état. »

Examinons notre art. 109, afin d'en connaître toute la portée, et nous trouverons qu'il contient quelques inexactitudes : « les *majeurs* qui servent.... » Cette expression renferme une double erreur : elle est trop large et pas assez. — Trop large : elle comprend, en effet, les femmes mariées qui ne doivent avoir de domicile que chez leur mari, à moins toutefois, suivant l'opinion que nous avons admise, que, séparées de corps, elles ne s'en soient choisi un à part. Il en est de même pour l'interdit qui sert et demeure chez autrui, ce qui sera d'ailleurs assez rare ; son domicile sera toujours chez son tuteur, qui le représente dans tous les actes de la vie civile. — Trop étroit : le mot « *majeurs* » semble laisser en dehors de sa disposition les mineurs émancipés, qui peuvent, d'après l'art. 108, avoir un domicile distinct de celui de leurs parents.

Je pense donc que lorsqu'il y a conflit entre les dispositions des art. 108 et 109, c'est à l'art. 108 qu'il faut donner la prédominance. La raison en est que l'art. 108 établit un domicile de droit, nécessaire, qui est la conséquence d'autres principes et d'autres vérités établis dans le Code, qui touchent de près à l'ordre public et à la constitution de la famille, tandis que l'art. 109 n'est qu'une disposition isolée, sans précédents, qui n'a été posée par le législateur que pour faire cesser le doute sur le lieu du domicile de ceux dont il s'agit. Cet article ne fait qu'établir une présomption de volonté chez ces personnes de fixer leur domicile là où elles servent et demeurent. (Du-

ranton, I., n° 374. — Demol. I., n° 368. — Delvinc.,
notes, p. 374. — Zach.. p. 281, § 143.)

L'art. 109 comprend tous ceux qui servent ou travaillent chez autrui et y demeurent, c'est-à-dire tous ceux qui, à un titre quelconque, sont sous la dépendance et la direction d'un maître qui rétribue leurs services, d'un chef de maison à l'autorité duquel ils sont soumis : ce sont les domestiques, les commis dans une maison de commerce, les clercs qui demeurent chez leur patron, les précepteurs, intendants, bibliothécaires, aumôniers, etc.

Relativement au fermier, on s'est demandé s'il était compris dans les termes de l'art. 109. — Je ne le pense pas, car je ne vois pas comment on pourrait faire rentrer le fermier dans la classe des serviteurs : c'est un homme qui est libre de travailler quand il veut, et qui ne travaille que pour lui-même ; la redevance annuelle qu'il paye au propriétaire est l'inverse des gages que reçoivent les vrais serviteurs. Le domicile du fermier est généralement dans la ferme qu'il occupe et fait valoir, où sont d'ordinaire ses intérêts et sa famille, en un mot son principal établissement. — De reste, il y a là une question de fait qu'il est au pouvoir des juges d'apprécier et de décider, art. 105 ; ils auront à rechercher si le fermier n'a pas l'intention de conserver le domicile qu'il avait avant de prendre la ferme ; à défaut des déclarations expresses de l'art. 104, on s'éclairera sur la volonté probable par l'importance et la durée du bail et les autres intérêts que ce fermier peut avoir par ailleurs. (Valette, *sur Proudh.*, I., p. 248, note c. — Demol., n° 369.)

Il y a même des serviteurs qui n'ont pas le même domicile que chez leur maître, bien qu'ils demeurent chez lui : ce sont les domestiques qui sont attachés à poste fixe à une des maisons de résidence de leur maître, par exemple le garde d'une propriété où le maître ne vient qu'au moment de la chasse, le jardinier d'une maison de campagne, etc. (Duranton, n° 374.) Le domicile de ces personnes est là où leur maître n'a qu'une simple résidence.

Remarquons, d'une façon générale, que si la cause pour laquelle la loi a fixé de plein droit le domicile d'une personne vient à disparaître, il n'en résultera pas pour elle la reprise de son domicile antérieur : elle conservera celui que la loi lui a assigné tant qu'elle n'en a pas choisi un autre. Ainsi la veuve gardera le domicile qu'elle tient de son mari, le mineur devenu majeur, celui de son tuteur, jusqu'à l'adoption d'un nouveau. (Poth. *Intr. gén. aux cout.*, n° 12.) Cette décision est conforme à l'esprit du Code, 103; mais il faut cependant reconnaître que le juge fera bien d'être très-peu exigeant pour admettre la preuve d'un changement de domicile dans ces cas-là, surtout quand il s'agira d'un ex-mineur et du retour à son domicile d'origine.

SECTION III. — *Effets du domicile.*

Grâce à la disparition des trois cents diverses coutumes qui se divisaient le territoire de la France et ses habitants, la matière du domicile a perdu beaucoup de son importance, et l'étendue de ses effets est bien moins grande. Le Code civil a donné à notre pays une législation uniforme, semblable pour tout Français, et il n'est plus besoin, comme autrefois, de rechercher l'origine ou le domicile d'une personne pour connaître son statut personnel et les limites de sa capacité.

Bien que le domicile n'ait plus une importance aussi capitale que dans l'ancien droit, on ne peut méconnaître l'intérêt considérable qui s'attache encore à sa détermination, aussi bien pour les questions de droit civil que pour celles de droit public, criminel, administratif. L'influence du domicile s'étend partout, et les règles générales admises sur cette matière servent de base à bien des points de la législation.

Les principaux effets du domicile sont relatifs aujourd'hui à la procédure : on en trouve aussi beaucoup dans le Code civil. Nous allons les parcourir rapidement les uns après les autres.

1° Art. 4 et 68, C. pr. — Les exploits d'assignation ou de notification seront faits à la personne du défendeur ou à son domicile. La loi présume qu'en son absence le défendeur a toujours des relations avec son domicile, et qu'ainsi il ne pourra pas manquer d'avoir connaissance de l'exploit qui lui a été déposé là entre les mains d'un de ses domestiques ou parents. Le domicile représente donc dans ce cas la personne pendant qu'elle est absente. Ce n'est donc que dans des cas tout à fait exceptionnels que l'exploit peut être mis ailleurs qu'à la personne ou au domicile : alors l'huissier, si le défendeur n'a pas de domicile connu, peut s'adresser à la résidence, et s'il n'a pas même de résidence connue, l'exploit sera visé par le procureur impérial, qui en gardera copie, puis affiché à la porte du tribunal où la demande est portée. (Art. 69, 8°, C. pr.) — Si le domicile du défendeur est situé à l'étranger ou dans les colonies, copie de l'exploit lui sera adressée par le procureur impérial par l'intermédiaire du ministre de la marine ou des affaires étrangères (69,9°).

Il se peut que l'exploit soit adressé à une personne morale, l'État, une commune, une société, etc. Pour sortir d'embarras l'huissier, l'art. 69 lui dit où il doit porter son exploit. L'État sera assigné en la personne et au domicile du préfet; — le trésor public, en la personne de l'agent: les établissements publics, aux bureaux du siége de l'administration; les communes en la personne ou au domicile du maire; les sociétés de commerce, à la maison sociale, et s'il n'y en a pas, au domicle d'un des associés; les faillites, en la personne du syndic. Nous voyons que l'art. 69 s'arrange de façon que l'exploit parvienne à la personne.

qui est principalement chargée de la défense et de l'administration des affaires de cet être moral qui joue le rôle de défendeur.

Quelquefois, l'exploit ne doit pas être signifié à la personne même ou à son domicile réel, mais au domicile élu par la partie spécialement pour l'affaire dont il s'agit. Il faut donc restreindre l'art. 68 par l'art. 111 : nous examinerons ce point plus longuement au chapitre du domicile d'élection.

Nous avons vu que la loi, dans l'art. 69, 8° et 9°, fléchit sa rigueur quand l'application de l'art. 68 est trop difficile. Il en serait de même si l'exploit était remis à un lieu qui ne serait pas le domicile du défendeur, si l'erreur provenait du fait du défendeur qui a trompé les tiers sur son véritable domicile et leur en a indiqué un autre. — On valide aussi l'exploit adressé au domicile de fait d'une personne, quand elle n'oppose pas le déclinatoire. (Paris, 27 août 1807.)

2° Le domicile d'une personne détermine le tribunal qui est compétent pour juger les affaires en matière personnelle, où cette personne joue le rôle de défendeur. C'est la règle : *Actor sequitur forum rei*, contenue dans les art. 2 et 59, C. pr. Ainsi, quand un créancier réclame l'exécution d'une obligation, c'est au juge du domicile du débiteur qu'il doit adresser sa demande. L'art. 2 nous dit que si le domicile est inconnu, c'est au tribunal de sa résidence. — C'est aussi au tribunal de ce domicile que devront être portées les demandes en matière réelle-mobilière et en question d'état : les meubles sont censés suivre la personne. — En matière mixte, art. 59, 4ᵉ alin., le demandeur peut intenter son action, soit devant le juge de la situation de l'objet litigieux, soit devant le juge du domicile du défendeur; en matière de faillite, devant le juge du domicile du failli.

Il était juste de déclarer que l'agresseur qui n'a pas fait preuve de la justesse de sa prétention, devait se déranger et aller trouver le défendeur pour le faire comparaître devant son juge naturel, ce qui occasionnera moins de frais et de déplacement à ce défendeur, et lui permettra d'être jugé dans le lieu où l'on est le plus à même de connaître sa moralité.

3° Art. 110, C. N, Un des effets du domicile est aussi de déterminer le lieu où s'ouvre la succession d'une personne et le tribunal qui devra connaître de toutes les réclamations que les héritiers peuvent avoir à s'adresser. La succession constitue là presque une personne morale, conservant le domicile du défunt, tant que les opérations de partage ne sont pas complétement terminées. Il y a là quelque chose qui rappelle la maxime romaine : « Hæreditas jacens personam defuncti sustinet. » — Pour comprendre la disposition de l'art. 110, il suffit de connaître celle de l'art. 822. Ces deux articles sont conçus dans la même idée, et l'un est le développement de l'autre.

Notre art. 110 a été fait dans le but de concentrer devant le même tribunal toutes les difficultés dont la succession peut être l'occasion, d'en amener la solution avec le plus de célérité et le moins de frais possible : c'est au domicile du défunt, en effet, que se trouvent tous les renseignements, toutes les pièces et titres qui seront nécessaires pour éclairer les juges. S'il eût fallu, dans cette circonstance, suivre le droit commun, chaque héritier qui eût eu à agir contre ses cohéritiers eût été embarrassé pour saisir le tribunal de l'un plutôt que celui de l'autre. C'est donc au tribunal du domicile du *de cujus* que sera portée la demande en partage et toutes les complications qui en peuvent résulter, licitation, rescision, garantie des lots, art. 822, et pour cela les héritiers se trouvent dans la nécessité de s'y réunir. C'est aussi à ce domicile que devront être faites les renonciations à la succession, art. 784, les déclarations d'acceptation sous bénéfice d'inventaire, art. 793 ; que le tribunal nommera un curateur à la succession vacante sur la demande des parties intéressées, art. 812. — Les créanciers devront intenter leurs actions contre les héritiers devant le tribunal du domicile de la succession, jusqu'à ce que le partage ait été fait. C'est encore là que les légataires devront faire leur demande de délivrance de legs, art. 59, 6ᵉ al., C. pr.

L'art. 110 ne s'applique qu'autant qu'il y a plusieurs héritiers ; mais s'il n'y en a qu'un, dès l'instant qu'il a accepté la succession, il faut faire application du droit commun, et dire que les créanciers et les légataires devront intenter leurs demandes devant le tribunal du domicile de l'héritier, art. 59 et 2, C. pr.

4° Les actes relatifs à l'état civil des personnes, doivent être d'ordinaire inscrits sur les registres du lieu de leur domicile. Nous voyons ce vœu de la loi percer dans quelques dispositions spéciales; ainsi, art. 60, C. N., si un enfant naît à bord d'un navire en traversée, l'acte de naissance sera, dans les vingt-quatre heures, dressé et inscrit à la suite du rôle d'équipage, puis au premier port où le bâtiment abordera, une copie de l'acte sera envoyée à l'officier de l'état civil du domicile des parents. — Il en est de même pour l'enfant né à l'armée, art. 93. — Mêmes précautions prises au cas de décès, art. 87.

Quant au mariage, le domicile a une importance toute particulière. Le législateur a voulu entourer cet acte important de toutes les garanties possibles pour en assurer la liberté et la publicité. — Au nombre des garanties de publicité s'en trouve une que nous avons à étudier spécialement : la loi a voulu que tous les actes relatifs au mariage et le mariage lui-même aient toute la publicité désirable aux domiciles des époux. En conséquence, les publications qui précédent le mariage, faites de huit en huit jours, pour prévenir les intéressés qui auraient à faire opposition, seront affichées à la municipalité du domicile des deux parties contractantes, art. 63 et 166. — Si ces publications ont donné naissance à quelque opposition, soit de la part du conjoint de l'un des futurs époux déjà engagé dans les liens d'un premier mariage, soit de la part des parents qui n'ont pas donné leur consentement au mariage, cette opposition sera signifiée au domicile ou à la personne des parties, et devra contenir élection de domicile, de la part de l'opposant, dans le lieu où le mariage devrait être célébré, art. 66 et 176 C. N.

Il y a quelque chose de remarquable, quand il s'agit de publications de mariage, c'est qu'elles doivent être faites, non seulement au domicile réel, ordinaire, mais aussi dans le lieu où l'un des futurs conjoints résiderait depuis six mois, art. 167. C'est là une disposition, en matière de domicile, tout exceptionnelle et toute spéciale au mariage, et qui est la conséquence de la faculté accordée aux parties de se marier devant l'officier civil de la commune où l'une d'elles a six mois de résidence, art. 74. — Il pourra y avoir même un troisième endroit où les parties devront faire des publications ; c'est au lieu du domicile des parents, sous la puissance de qui ils sont encore, relativement à leur consentement au mariage, art. 168. Une instruction ministérielle du 14 mars 1831 décide même que si ces personnes, sous la puissance desquelles sont les futurs époux, sont domiciliées à l'étranger, les publications du mariage devront être faites, même à ce domicile, bien entendu suivant les formes usitées dans le pays.

Arrivons à la célébration du mariage et voyons le rôle qu'y joue le domicile. L'art. 165 pose le principe qu'on devait attendre, c'est-à-dire que le mariage sera

célébré devant l'officier civil du domicile de l'une des
deux parties : jusque-là il n'y a rien que d'ordinaire ;
mais l'art. 74, comme nous l'avons entrevu à propos
des publications de l'art. 167, établit un domicile
spécial au mariage, pour le faciliter et le favoriser,
suivant l'usage du législateur du Code civil. Ce domicile matrimonial s'établit par six mois de résidence et
d'habitation continue dans la même commune. De
sorte qu'à l'égard du mariage, une même personne
peut avoir plusieurs domiciles, entre lesquels elle aura
à choisir celui qui lui convient le mieux, soit le domicile réel, général et ordinaire, soit le domicile de
faveur acquis par six mois de résidence.

5° La fixation du domicile de la part d'une personne dans une commune déterminée est un quasi-
contrat formé entre le nouvel habitant de la localité et
les autres. Il en résulte pour cet habitant des avantages
et des charges. Parmi les avantages, on compte le
droit au partage des bois d'affouage, art. 105 C. for.
Le partage de ces bois se fait par feu, c'est-à-dire par
chef de maison ayant domicile réel et fixe dans la
commune. On peut aussi ajouter le droit contenu dans
l'art. 542 C. N., pour les habitants d'une commune,
de profiter des biens communaux non affermés et
dont la jouissance leur est abandonnée en nature,
pour y envoyer pâturer leurs bestiaux. — Les charges
communales sont les impositions supplémentaires dont
le but est de reconstruire ou réparer un édifice public, par exemple une maison d'école, une église, etc.

11

Il y a aussi les prestations qui obligent les habitants des communes à travailler un certain nombre de jours par année, eux et leurs bêtes de somme, à la réparation des chemins communaux. Ces prestations se fournissent en nature ou en argent, au gré de l'habitant.

Le domicile a encore beaucoup d'autres effets, qu'on ne saurait énumérer sans en oublier quelques-uns. Cependant nous signalerons encore ceux-ci :

En matière de tutelle, c'est le domicile du mineur ou de l'interdit qui détermine le juge de paix qui est compétent pour former un conseil de famille et en provoquer la réunion dans les circonstances où il en est besoin, particulièrement pour procéder à la nomination d'un tuteur et d'un subrogé tuteur. Art. 406 C. N.

En matière d'adoption, c'est devant le juge de paix du domicile de l'adoptant que devront se présenter la personne qui voudra adopter et celle qui voudra être adoptée. Art. 353. Le jugement d'adoption sera, dans les trois mois du prononcé, inscrit sur le registre de l'état civil du domicile de l'adoptant. Art. 359.

Au cas d'absence, c'est le tribunal du domicile qu'avait l'absent, au moment de son départ ou des dernières nouvelles, qui devra être saisi des actions relatives à l'absent, des demandes en nomination d'administrateur aux biens de l'absent et en déclaration d'absence. Art. 115.

Lorsqu'il s'agit de prescrire la propriété d'un immeuble, possédé de bonne foi et avec juste titre, la durée du délai de prescription varie de dix à vingt ans, suivant que le véritable propriétaire est domicilié ou n'est pas domicilié dans le ressort de la cour dans l'étendue de laquelle l'immeuble est situé. Art. 2265.

Le domicile du jeune homme qui a atteint l'âge de vingt ans révolus détermine aussi de quel canton il fait partie et dans quel lieu il doit tirer au sort pour satisfaire à la loi du recrutement de l'armée. Art. 5 et 6 de la loi du 21 mars 1852.

C'est encore le domicile réel qui détermine le lieu où chaque personne doit payer l'impôt personnel. Art. 13 de la loi du 21 avril 1852.

CHAPITRE II

DU DOMICILE D'ÉLECTION

Le domicile d'élection est le domicile qu'une personne choisit dans un lieu généralement différent de son domicile réel, et pour une affaire spéciale ; de telle sorte que pour l'affaire dont il s'agit, les choses pourront se passer comme si la partie qui a fait l'élection était réellement domiciliée dans cet endroit. La faculté de se choisir un domicile spécial et les effets qui en résultent font l'objet de l'art. 111.

En règle générale, l'exploit doit être remis à la personne ou au domicile réel du défendeur, art. 68 C. pr.: puis en matière personnelle ou mobilière, le tribunal appelé à juger l'affaire est celui du domicile du défendeur : en matière réelle immobilière, c'est le tribunal de la situation de l'immeuble litigieux. Art. 2 et 59 C. pr.

L'art. 111 a eu précisément pour but de permettre de déroger à ce principe général, pour faciliter les transactions : car il arrive souvent que deux personnes domiciliées à une grande distance l'une de l'autre éprouvent le besoin ou ont l'occasion de s'engager dans des contrats commerciaux ou civils. Comme il en peut naître des difficultés et des procès, la crainte de se voir entraîné dans la nécessité de plaider au loin pourrait intimider l'une des parties et faire manquer la conclusion d'une affaire avantageuse. Il était donc nécessaire, dans un intérêt de prospérité générale, de ne point ralentir les opérations entre pays éloignés et d'abattre l'un des obstacles qui les entravent. Pour certaines personnes même, il était indispensable de créer cette faculté de l'élection de domicile. Je veux parler des étrangers auxquels nous avons refusé la faculté d'avoir un domicile en France, dans le sens abstrait du mot. Dès que nous admettons qu'un étranger peut contracter en France et être cité devant les tribunaux français, art. 14 C. N., il faut bien que nous lui accordions la possibilité d'avoir un domicile où les exploits de toute sorte puissent lui être remis.

Aussi, la loi, pour lever une partie des considérations d'éloignement qui pouvaient arrêter les transactions projetées, permet-elle à l'une des parties d'élire

domicile dans un lieu différent de son domicile réel,
ordinairement dans l'arrondissement où est situé celui
de l'autre partie que la perspective d'un procès éloigné effrayait. — Le domicile d'élection est donc un
domicile fictif, choisi pour une affaire déterminée :
ainsi se trouve rendu compétent pour connaître de
cette affaire un tribunal devant lequel elle n'eût pas
dû paraître, suivant les principes rigoureux du droit.

Dans l'ancien Droit, l'élection de domicile n'avait
pour effet que d'autoriser les significations au domicile convenu, mais elle ne permettait pas d'assigner
le défendeur devant le juge de ce domicile. C'est ce
que nous dit Ferrière (v° *Domicile conventionnel*) :
« Cette élection de domicile n'avait point d'autre effet que de valider les significations qui y étaient
faites, concernant l'exécution des actes et des contrats à raison desquels ce domicile avait été élu. »

A cette époque, en effet, les justices étaient patrimo-
niales, et il y avait droit acquis pour le juge à connaître des contestations où son justiciable jouait le
rôle de défendeur ; il eût été contraire aux lois du
temps de permettre aux parties de choisir leurs juges
à leur gré. Aujourd'hui, les juridictions n'étant plus
de droit public, les parties peuvent faire choix de
leurs juges.

Nous venons de jeter un coup d'œil d'ensemble sur
le domicile d'élection conventionnel. Mais ce domicile
élu n'est pas le seul de sa nature : souvent cette élection est commandée par la loi pour la validité de l'acte.

L'élection de domicile est donc tantôt une faveur de la loi, dont il est facultatif de faire usage, tantôt un ordre qu'on ne saurait souvent transgresser sans s'exposer à la nullité de l'acte. — Nous traiterons des deux cas séparément.

§ 1er. — DE L'ÉLECTION CONVENTIONNELLE DE DOMICILE.

Le domicile conventionnel est celui dont s'occupe l'art. 111 : « Lorsqu'un acte contiendra, de la part des parties ou de l'une d'elles, élection de domicile pour l'exécution de ce même acte dans un autre lieu que celui du domicile réel, les significations, demandes et poursuites relatives à cet acte, pourront être faites au domicile convenu et devant le juge de ce domicile. »

Les caractères et les effets de l'élection de domicile sont plus faciles à saisir, si on considère la convention à deux points de vue différents :

1° Dans les rapports de celui qui a fait élection de domicile et de la personne chez qui domicile a été élu;

2° Dans les rapports des parties entre elles, et dont l'une a fait élection pour l'exécution du contrat.

I. Rapports de celui qui a fait élection de domicile avec celui chez qui elle a été faite.

Dès qu'il y a eu élection de domicile d'une part et acceptation des charges qui en résultent d'autre part, il s'est formé une sorte de contrat de mandat entre ces deux parties. Le mandataire, chez qui le domicile est élu, s'engage à recevoir pour son mandant les exploits qui lui seraient adressés et à lui en donner connaissance.

Ce pouvoir donné à la personne chez qui l'élection a été faite étant un mandat, il en résulte, art. 2003 :

1° Qu'il peut être révoqué ;

2° Qu'il finit par la renonciation du mandataire ou la mort de l'une des parties. Cependant, il arrive souvent que l'élection de domicile est faite en l'étude d'un notaire, d'un avoué, d'un huissier ; dans ce cas, l'élection est faite plutôt en considération de l'étude que de la personne du titulaire, et on admet alors que la mort de ce titulaire ne modifie en rien l'élection, qui retombe à la charge de son successeur. (Nancy, 22 déc. 1853, aff. Voignier.)

Quelques auteurs, en s'appuyant sur les art. 1134 et 1856, ont contesté ces effets à l'élection de domicile. Cela tient à ce qu'ils n'ont pas assez distingué les deux points de vue auxquels nous nous sommes placés. Il est bien certain que si nous nous plaçons au point de vue des rapports des deux parties qui ont fait le contrat principal, celle en faveur de qui l'élection de domicile a été convenue a le droit d'exiger que, suivant la promesse, l'élection ait lieu dans l'endroit déterminé par la convention, mais cette partie n'a pas le droit d'exiger que cette élection soit faite plutôt chez telle personne que chez telle autre de cet endroit. Le domicile, dans ce cas, est plutôt réel que personnel; suivant l'expression de Bacquet. (*Des droits de justice*, ch. vii, n° 16.) Il se pourrait toutefois qu'exceptionnellement la personne ait été désignée, chez qui le domicile doit être élu; alors la partie qui a stipulé une élection de domicile dans ces conditions peut se refuser à ce que le mandat soit confié à un autre, dès qu'elle a intérêt au maintien du choix primitif. Si cette personne vient à changer de domicile, mais sans changer d'arrondissement, son nouveau domicile sera le domicile élu, et il y aura ainsi substitution d'un domicile à l'autre.

Nous avons dit que le mandat confié par la partie qui fait l'élection de domicile se trouve révoqué par la mort du mandataire ou du mandant; mais comme l'autre partie a le droit d'avoir un lieu où elle puisse faire adresser ses actes de procédure, le mandant ou ses héritiers doivent élire sans retard un nouveau domicile, chez une autre personne du même endroit, et faire notifier cette nouvelle élection à l'autre partie, qui n'aura aucune objection à faire à cette substitution de mandataire. (Art. 2152 C. N.)

Mais que décider si la personne qui a élu domicile, ou ses héritiers, ne se pressent pas de faire une nouvelle élection et que l'autre partie ait des actes à signifier? Pourra-t-elle faire remettre valablement ces exploits au domicile du mandataire révoqué ou décédé? On a dit non, en raisonnant ainsi : par la mort du mandataire, le mandat a pris fin, et les significations ne peuvent plus être faites chez lui, car dès que nous

admettons que le mandat est éteint pour la partie qui
a fait l'élection, il faut bien l'admettre pour l'autre de
même ; la mort du mandataire a fait disparaître le
domicile élu, et avant de pouvoir faire une signification
valable autre part qu'au domicile réel général, la
partie en faveur de qui cette élection avait eu lieu
sera obligée de sommer l'autre de choisir un nouveau
domicile d'élection dans les mêmes conditions. Cette
poursuite, afin d'obtenir nouvelle élection, devra donc
se faire au domicile réel. Les partisans de cette opinion
ne voient dans l'art. 2156 qu'une disposition exceptionnelle, motivée par le caractère de l'élection de
domicile en matière d'inscription d'hypothèques.

Je pense qu'il faut reconnaître, au contraire, que
les exploits de la partie pour qui l'élection de domicile
a été faite peuvent toujours être remis au dernier
domicile élu, tant que l'autre partie ne lui a pas notifié
le choix d'un nouveau domicile. Ce serait aller contre
l'intention des contractants, si l'on forçait celui en
faveur de qui l'élection a eu lieu à poursuivre devant
le juge du domicile réel l'élection d'un nouveau domicile dans le lieu convenu ; ce serait tomber précisément dans l'inconvénient qu'éventuellement on a
voulu éviter ; faire perdre cet avantage au contractant
favorisé, c'est lui enlever à tort le bénéfice d'une clause
sans laquelle peut-être il n'eût pas consenti à s'engager. La partie qui s'est obligée à avoir un domicile
d'élection dans un certain lieu ne peut pas se prévaloir
de la cessation du mandat qu'elle avait confié à la

personne décédée, pour dire que les exploits qui lui sont adressés au domicile de cette personne ne sont pas valables. L'élection est plutôt attachée au lieu qu'à la personne, et elle manquerait son but si les effets s'en trouvaient paralysés par le refus, la renonciation ou le décès de celui chez qui elle a été faite. Le défendeur doit donc élire dans le plus bref délai un nouveau domicile, le faire connaître à son cocontractant et jusque-là se tenir en éveil pour savoir s'il ne lui a rien été adressé à l'ancien domicile élu. Quant aux héritiers du mandataire, ils sont tenus, en vertu du mandat de leur auteur et en succédant à ses obligations, de faire connaître son décès au mandant, afin qu'il ait à faire une autre élection de domicile, et jusque-là ils devront continuer le mandat qu'avait accepté le défunt (2010). Les obligations du mandataire seraient aussi les mêmes, si c'était le mandant qui fût mort ; la personne chez qui domicile serait élu devrait continuer à remplir son mandat jusqu'à ce que les héritiers du mandant aient choisi un domicile d'élection (1375). Les art. 2152 et 2156, loin de me paraître des dispositions exceptionnelles, spéciales à la matière des hypothèques, me semblent être des règles rentrant dans les principes généraux et que le législateur a cru devoir formuler expressément au chapitre des inscriptions, à cause de leur extrême importance en cette circonstance. (Delvincourt, notes sur la page 46, n° 4. — Aubry et Rau, sur Zach., p. 258 et note 26. — Merlin, v° *Dom. élu*, § 1, n° 8.—Demol., I, n° 372. — Cass., 19 janv. 1814.)

3° Enfin, de ce que l'élection de domicile acceptée par celui chez qui elle est faite constitue un mandat, il résulte que le mandataire doit faire parvenir à son mandant tous les exploits qui lui sont remis en son nom, et le prévenir de tous les actes de procédure qui sont portés à sa connaissance à titre de mandataire, art. 1991. S'il en était autrement, l'élection de domicile ne servirait qu'à laisser ignorer à la partie les poursuites dirigées contre elle, ce que la loi ne peut être supposée avoir permis. (Nancy, 22 déc. 1855, aff. Voignier.)

II. *Rapports des deux parties qui ont fait élection de domicile, ou de celle qui a fait élection en faveur de l'autre.*

Entre les parties contractantes, l'élection de domicile est une clause de leur convention. Elle permet au créancier, en faveur duquel elle est généralement faite, de choisir le lieu où il voudra exercer ses poursuites : « ... pourront être faites au domicile convenu, et devant le juge de ce domicile. » Art. 111 C. N. — 59 C. pr.

L'élection de domicile peut avoir lieu soit dans l'acte même auquel elle se réfère, soit même dans un acte postérieur. Cependant la volonté du législateur semble bien être que cette élection soit contenue dans le contrat à l'occasion duquel elle a été faite. M. Emmery, dans l'exposé des motifs, disait : « La loi ne fait que « prêter sa force à la volonté des parties, ... seulement

« on exige que l'élection de domicile soit faite dans
« l'acte même auquel elle se réfère, » et M. Malherbe
(séance du 23 ventôse an XI) : « Il faut que cette dé-
« rogation aux règles établies par la loi soit stipulée
« dans chacun des actes auxquels elle se rapporte. »
L'art. 111 paraît reproduire l'idée de ces orateurs :
« Lorsqu'un acte contiendra l'élection de domicile... »
Malgré cela, je pense que ce serait exagérer la pensée du
législateur que de ne pas admettre la validité de l'élection de domicile postérieure à l'acte. L'art. 111 n'a
entendu parler que *de eo quod plerumque fit;* ordinairement l'élection de domicile se trouvera renfermée
dans le contrat principal, mais s'il n'en était pas ainsi
je ne vois pas pourquoi on refuserait aux parties de
faire dans un contrat accessoire cette élection de domicile. Il n'y a là rien qu'une convention très-licite et
très-raisonnable, et c'est le cas d'appliquer le principe
de la liberté des conventions. (Val. *sur Proudh.*, ob-
serv. I, p. 240. — Merlin, v° *Dom. élu*, § 2, n° 6. —
Demol., I, n° 573.)

L'élection de domicile peut être formelle ou tacite;
ainsi elle peut résulter implicitement de l'acceptation
d'un effet de commerce dans lequel l'accepteur a élu
pour le payement un domicile autre que le sien, ou
bien de ce qu'un étranger a contracté en France avec
un Français. Art. 14. Ce sera aux juges à interpréter
la volonté des parties. Par exemple, je pense que l'indication d'un lieu autre que le domicile du débiteur
pour effectuer le payement n'entraîne pas élection de

domicile dans ce lieu. Les juges qui décideraient le
contraire risqueraient fort de dépasser l'intention des
parties : on peut, en effet, consentir plus facilement à
payer loin de son domicile qu'à aller plaider devant un
tribunal autre que le sien. La disposition de l'art. 111
est une dérogation au droit commun, et il serait dangereux de lui donner de l'extension. Ce qui prouve
bien que la désignation d'un lieu de payement n'équivaut pas à une élection de domicile, c'est qu'exceptionnellement, en matière commerciale, elle produit
l'effet d'une élection. Art. 420, 4ᵉ al., C. pr. (Merlin,
vº *Dom. élu*, § 2, nº 4.— Val. *sur Proud.*, obs. II, p. 240.
Durant., I, nº 378.— Demol., I, nº 374.— Paris, 8 juillet 1836.— Orléans, 26 décembre 1825.)

Mais il faut toujours, pour qu'il y ait élection de domicile, qu'une convention ait été faite et un contrat
formé sur ce point : ainsi, on est d'accord pour décider que si j'ai donné à un mandataire pouvoir de
former un contrat et d'élire domicile pour son exécution, et que mon mandataire n'ait pas fait formellement cette élection, la partie avec laquelle il a contracté ne pourra pas invoquer le mandat et suppléer
à l'omission, en se prévalant d'une élection de domicile qui réellement n'a pas eu lieu. (Merlin, vº *Dom.
élu*, § 2, nº 5. — Demol., *loc. cit.* — Zach., Aubry et
Rau, p. 525, note 5. — Cass., 18 mars 1839, 29 novembre 1845.)

Nous avons dit que l'élection de domicile est entre
les parties une des clauses du contrat. Il en résulte que :

1° Comme toute convention formée légalement, elle fait la loi commune des parties, et ne peut être révoquée sans leur consentement mutuel (art. 1134), à moins que cette élection n'ait été faite que dans l'intérêt d'une seule partie : alors la révocation doit venir d'elle. Il faut bien comprendre que ce que nous disons ne s'applique qu'entre les parties au contrat; cela n'empêcherait pas celle qui a fait l'élection de révoquer son mandataire, si la personne de ce mandataire n'a pas été prise en considération dans l'élection, et d'élire domicile chez une autre personne dans les mêmes conditions, à charge de notifier cette nouvelle élection à l'autre partie contractante, art. 2152.

2° Souvent il arrive que l'élection de domicile a été faite par l'une des parties en son domicile réel. Le but de cette élection est d'assurer à l'autre partie que le lieu où elle aura à faire remettre les exploits et le tribunal compétent ne pourront pas varier au gré de son adversaire, qui n'aurait, pour obtenir cet effet, qu'à changer de domicile. Après une telle élection, le défendeur peut transférer son domicile dans un endroit éloigné, sans que son adversaire ait à en souffrir; le domicile élu reste toujours là. (Merlin, *Dom. élu*, § 2, n° 7. — Marcadé, art. 111. — Dur., I, n° 384. — Demol., I, n° 375. — Dalloz, *Dom. élu*, n° 13. — Amiens, 3 avril 1829. — Bordeaux, 21 juillet 1834.)

3° L'élection de domicile, comme tout autre droit ou obligation, se transmet activement et passivement aux héritiers des parties contractantes (art. 1122 et

2156), et aux créanciers de chacune des parties agissant au nom de leur débiteur (art. 1166). C'est là une différence entre le domicile réel et le domicile d'élection ; le premier disparaît avec le décès de la personne, sauf ce qui est dit dans l'art. 110 ; l'autre, au contraire, résultat d'un contrat, fait naître un droit qui passe aux héritiers de la partie. La faillite ou le changement d'état de l'une ou l'autre des parties ne modifierait en rien l'élection de domicile, et le dernier alinéa de l'art. 59 C. pr. l'emporte sur le septième. L'un des contractants ne peut être privé de l'avantage qu'il attend de l'élection de domicile, sans en avoir fait l'abandon. (Bordeaux, 21 juillet 1854 ; Bourges, 6 mars 1840.)

4° Les tiers, étrangers à la convention, ne peuvent ni l'invoquer ni se la voir opposer, tant qu'ils n'agissent qu'en leur nom personnel, art. 1165, 1167. (Cass. 27 décembre en 1845.)

5° Entre les parties elles-mêmes, l'élection de domicile n'a que les effets qui résultent ordinairement d'une telle convention, et qui paraissent avoir été dans leur intention. Ces effets peuvent être étendus ou restreints à leur volonté, et ce sont les termes et les circonstances du contrat qui serviront à en fixer l'étendue. L'art. 111 n'est qu'interprétatif de volonté, et fondé sur l'usage général : il faut l'entendre dans un sens restrictif, et en étendre la portée serait fort dangereux, car cet article renferme à la fois une exception à la règle générale des art. 68 et 59 C. pr.,

puis une renonciation à un droit de la part du défendeur auquel il peut attacher une grande importance,
celui de n'être pas jugé par d'autres magistrats que
ceux que la loi lui assigne. C'est donc pour les magistrats une affaire de tact et d'interprétation des conventions, et lorsqu'il ne leur paraîtra pas bien clair que
les parties ont entendu déroger sur un point au droit
commun, ils ne devront pas les en faire sortir.

En général, l'élection de domicile est faite par une
partie en faveur de l'autre, ordinairement par le débiteur en faveur du créancier : c'est pourquoi l'on
permet à ce créancier de renoncer à l'avantage qui lui
a été fait pour rentrer dans le droit commun : il res-
tera donc toujours libre d'assigner son débiteur devant le tribunal de son domicile réel, et celui-ci n'a
pas à s'en plaindre, puisque c'est lui rendre une faveur que la loi lui a faite et à laquelle il avait re-
noncé. C'est bien ce qui résulte des art. 111 C. N., et
59 fin. C. pr. : « Les significations, demandes et poursuites *pourront* être faites au domicile convenu... »
Mais s'il apparaissait que cette élection de domicile a
était faite en faveur des deux parties, ou bien en faveur de celle qui a élu le domicile, il faudrait donner
une décision toute contraire, et le demandeur n'aurait
plus le choix entre les deux domiciles pour assigner le
défendeur. L'art. 111 est rédigé dans le sens où l'élection est faite le plus souvent, c'est-à-dire en faveur du
créancier. (Valette, *sur Proudh.*, I, obs. III, p. 241.
Cass., 2 février 1826.)

Lorsque les contractants ou l'un d'eux auront déclaré dans l'acte simplement faire élection de domicile
en tel endroit, cela voudra dire que l'élection de domicile n'a pour objet que les significations, demandes
et poursuites relatives à l'exécution forcée de l'acte où
cette élection a été faite. Alors, le demandeur pourra
assigner le défendeur devant le tribunal du domicile
élu et y faire remettre tous les exploits relatifs à l'acte :
l'art. 111 a ordinairement ce double effet. — Toutefois, l'élection de domicile peut ne produire que l'un
de ces effets : ainsi, il n'y aura qu'attribution de juridiction à un tribunal autre que celui du domicile réel,
s'il y a eu seulement élection dans une ville autre que
celle du domicile réel, sans désignation de personne
chez qui les exploits doivent être remis. Ou bien, l'attribution de juridiction à un tribunal étranger man-
quera, si la partie a élu domicile dans sa propre ville,
chez une tierce personne. Il n'y aurait attribution de
juridiction au tribunal de ce lieu que si, après cette
élection, le défendeur changeait son domicile réel.
Lors donc qu'il y a élection de domicile dans un lieu
hors du ressort du tribunal du domicile réel, il y a attribution de juridiction. (Val., *sur Proudh.*, obs. V,
p. 241. — Demol., n° 577. — Bordeaux, 4 fév. 1855.)

Nous avons vu que l'indication d'un lieu de payement n'emporte pas élection de domicile; nous déciderons de même que l'élection d'un domicile pour
l'exécution d'une convention n'entraîne pas pour le
débiteur obligation de payer à ce domicile élu. L'élec-

tion de domicile, en effet, n'a d'ordinaire pour objet que les significations, demandes et poursuites, c'est-à-dire ce qui se rapporte à l'exécution forcée de la convention. Or, le payement en est l'exécution volontaire et doit demeurer sous l'empire de la règle générale, tant que les parties n'ont pas manifesté bien clairement l'intention d'y déroger, et que le créancier n'a pas chargé la personne chez qui domicile est élu de recevoir ce payement. 1239. — Puis, l'art. 1258-6" nous prouve bien que l'élection de domicile n'équivaut pas au choix d'un lieu de payement, puisque nous y voyons que les offres réelles doivent être faites d'abord au lieu convenu pour le payement, et que s'il n'y a pas de convention spéciale à cet égard, les offres doivent être faites au domicile réel ou au domicile élu. C'est l'application des dispositions de l'art. 1247.—Admettre que le payement doive être fait au domicile élu, c'est donner de l'extension à l'art. 111, que nous avons reconnu devoir être entendu dans un sens restrictif, et s'exposer à dépasser la portée du mandat que les parties ont voulu confier à leur mandataire : c'est d'un côté enlever légèrement au débiteur le bénéfice de l'art. 1247, qui l'autorise, en général, à ne payer qu'à son domicile réel, puis c'est d'un autre côté exposer ce débiteur à perdre le montant de sa créance, si le mandataire n'est pas fidèle. Il est donc bien plus exact de rester dans les principes généraux et de ne reconnaître à l'art. 111 de valeur que pour l'exécution forcée de la convention. (Dur., 1, n° 377. —

Demol., 1, n° 378. — Aubry et Rau, *sur Zach.*, p. 527.)

L'art. 111 est-il encore applicable, lorsqu'il s'agit de significations, demandes et poursuites ayant pour but de faire prononcer l'annulation ou la rescision de l'acte dans lequel les parties ont fait élection de domicile? Je pense qu'il faut distinguer : si l'action dirigée contre l'acte attaque sa validité entière, intégrale, fondée sur un vice du consentement qui infecte tout le contrat, tel que le dol, la violence, l'erreur sur la chose, il faudra décider que l'élection qui a été faite dans le contrat est nulle comme le reste du contrat, et que c'est au domicile réel du défendeur que l'action devra être portée. — L'art. 111, en effet, n'a trait qu'aux poursuites tendant à l'exécution de la convention, et ce que le demandeur veut obtenir, c'est justement l'inexécution ; il prétend que le contrat est nul et doit être déclaré inexistant. Dès l'instant qu'il veut faire prononcer la nullité complète de son obligation, il serait illogique de reconnaître une valeur à une clause accessoire de ce contrat, prétendu nul en entier. La compétence du juge du domicile élu n'a d'autre source que la convention des parties : et, quand celle-ci est mise en question, le pouvoir de ce juge devient par cela même incertain. La question préjudicielle de validité du contrat domine alors le litige, et il faut que cette question soit vidée pour que l'on sache si le juge du domicile élu sera ou non compétent. Il est donc juste de dire que celui qui intente l'action en nullité contre un acte ne peut se prévaloir de l'élection de domicile qui y aurait été faite en sa faveur, (Demol., I, n° 379. — Aubry et Rau, *sur Zach.*, p. 526.)

Si, au contraire, l'action dirigée contre le contrat ne tend qu'à faire prononcer la nullité de l'une des clauses, ou repose sur une cause de nullité prise dans l'acte même, c'est au tribunal du domicile élu qu'il appartiendra de vider le différend; car alors la demande se réduit à une exception contre l'exécution complète du contrat, et pour tout ce qui regarde l'étendue de cette exécution, le juge du domicile élu est compétent pour prononcer. (Demol., *loc. cit.* — Bordeaux, 21 juillet 1834. — Cass., 6 avril 1842, cassant arr. de Montpellier, 4 janvier 1841.)

Il faudrait donner la même décision si la demande en résolution du contrat avait pour fondement l'inexécution des conditions ou le défaut de payement du prix, en cas de vente. L'action rentre alors dans l'art. 111, car elle a précisément pour but de mettre en demeure la partie défenderesse d'exécuter le contrat ou de se voir privée du bénéfice qu'elle en pouvait tirer et condamnée à des dommages-intérêts, s'il y a lieu. Ce moyen proposé pour l'annulation du contrat est bien différent de celui tiré du dol ou de la violence, et se rapporte si bien à l'exécution de la convention que les juges peuvent, suivant les circonstances, donner au défendeur un délai de grâce pour s'acquitter de ses obligations. Art. 1184 et 1244.

La signification du jugement, qui condamne le débiteur, peut-elle être faite au domicile élu? Contrairement à une jurisprudence presque constante et à l'avis de quelques auteurs (Agen, 6 février 1810;— Colmar, 20 mars 1810;— Cass., 29 août 1815;— Colmar, 27 août 1852;—Merlin, *Dom. élu*, § 2, n° 10;—Dur., I., n° 379), je pense qu'il faut admettre la validité de la signification du jugement faite au domicile élu, et la ranger parmi les actes qui ont pour but l'exécution de la convention, art. 111. Qu'a fait le jugement ? Il a condamné le débiteur à exécuter l'acte, qui ne cesse pas d'être le titre primitif et principal du créancier. Qu'on ne vienne pas dire qu'après le jugement, les actes d'exécution ne seront plus faits en vertu du contrat intervenu entre les parties, mais bien en vertu du jugement, qui en a pris la place; qu'en conséquence, on sort des termes de l'art. 111 et qu'on doit rentrer dans les principes généraux. — Ce serait une erreur de donner, dans notre Droit, au jugement le même effet qu'en Droit romain dans certains cas : il n'y a pas eu novation de l'acte par le jugement ; c'est toujours en vertu de ce contrat, qui subsiste avec toutes ses clauses particulières, et auquel le jugement est venu donner une force nouvelle, que les poursuites d'exécution seront faites. Le jugement n'est qu'un titre de plus, une reconnaissance judiciaire de l'obligation du défendeur, revêtue de la formule exécutoire, dont le créancier fera usage pour arriver à l'exécution du contrat lui-même. La signification de ce jugement, qui condamne le débiteur à exécuter le contrat, sera donc bien une poursuite relative à l'exécution de l'acte, ren-

trant dans les termes de l'art. 111. Elle pourra donc
être faite au domicile élu. — On oppose, pour soutenir
l'opinion contraire, comme l'a fait l'arrêt d'Agen (6 février 1810) qui a servi de type aux suivants, les
art. 147 et 155 C. pr. L'art. 147, dit-on, déclare formellement que le jugement contradictoire doit être
signifié à l'avoué pour devenir exécutoire, et, s'il prononce une condamnation, qu'il devra en outre être
signifié à personne ou domicile. Dans cet article, il
n'est pas question du domicile élu ; c'est donc que la signification qui y sera faite ne sera pas suffisante, et
ce qui le prouve bien, c'est qu'après la signification
faite à l'avoué, chez qui l'élection de domicile est de
droit, art. 61 C. pr., il faut, pour que la condamnation
soit exécutée, signifier à personne ou domicile. Puis
l'art. 155 dit aussi que le jugement par défaut ne sera
exécutoire que huitaine après la signification à avoué,
s'il en a été constitué un, ou à personne ou domicile,
s'il n'a pas été constitué d'avoué. Ici encore il n'est
pas question de signifier le jugement au domicile élu.
—Je réponds : l'art. 147 exige bien la signification du
jugement de condamnation à personne ou domicile,
mais le mot domicile y est pris dans un sens général,
et comprend aussi bien le domicile élu que le domicile
réel. Si le législateur n'a pas parlé spécialement du
domicile élu, c'est qu'il ne l'a pas cru nécessaire et a
entendu se référer aux termes généraux de l'art. 111.
Quant à l'art. 155, il se retourne contre ceux qui l'in-
voquent, car la signification du jugement par défaut

ne doit être nécessairement faite à personne ou domicile que s'il n'y a pas eu constitution d'un avoué à qui
le jugement pût être signifié. S'il y a eu constitution
d'avoué, c'est à lui qu'on doit faire la signification et
alors courra le délai d'opposition. Donc la signification
faite au domicile élu chez cet avoué tend à produire
les effets que l'on veut obtenir, le caractère définitif
du jugement. D'ailleurs, je ne vois pas le danger et
l'inconvénient d'une signification au domicile élu : les
parties sont en éveil par les débats du procès; le mandataire chez qui domicile est élu a bien rempli sa mission jusque-là, tout porte à présumer qu'il continuera
à être diligent, qu'il fera connaître à son mandant la
signification du jugement qui lui a été adressée avec
l'exactitude que comporte l'importance de cette signification, sachant que s'il manquait à son devoir ce
serait à ses risques et périls. (Val., *sur Proudh.*, I,
p. 241, obs. IV. — Demol., I, n° 580. — Delvinc., I,
p. 46, nota.—Aubry et Rau, *sur Zach.*, p. 525 et 526,
notes 8 et 10.— Rouen, 10 février 1834.)

La même question se reproduit pour la signification
de l'appel : peut-elle être faite au domicile élu? Oui,
car elle rentre dans les termes généraux de l'art. 111
qui dit: «.... les significations, demandes et poursuites
relatives à l'acte.... » La signification de l'appel est
tellement relative à l'exécution de l'acte qu'elle la sus-
pend, art. 457 C. pr. — D'ailleurs, l'appel n'est qu'un
moyen de recours ordinaire contre le premier jugement et a dû parfaitement rentrer dans les prévisions

des parties, quand elles ont fait l'élection de domicile :
l'appel n'est que la suite des poursuites et demandes
dont la première instance n'a été que la première
phase. — Si on m'oppose le texte des art. 443, 447,
456, je répondrai comme plus haut, que le législateur,
lorsqu'il a statué ainsi, n'avait pas présent à l'esprit
le cas où il y aurait domicile élu, ou bien qu'il n'a
pas voulu faire de distinction et a tout compris dans
l'expression générale de domicile. La question me
paraît d'ailleurs tranchée dans l'art. 2156 : « Les actions... seront intentées... au dernier des domiciles
élus... » Il me semble difficile de ne pas comprendre
l'appel dans ces actions. Puis au C. proc., art. 584,
nous voyons même le législateur s'expliquer formellement à l'occasion du domicile élu en matière de saisie-exécution : « Toutes significations, même d'offres
réelles et d'appel pourront y être faites. » (Merlin, *Quest.
de droit*, *Dom. élu*, § 3, n° 8.—Rouen, 21 janvier 1821.—
En sens contr. Paris, 11 av. 1829. — Poitiers, 24
avril 1832. — Aix, 1er fév. 1838.)

Si la créance résultant de l'acte a été cédée, le
transport peut-il être signifié au domicile élu ?

MM. Duranton, n° 380, et Aubry et Rau *sur Zach.*,
p. 527, soutiennent que non et disent que l'élection
de domicile n'a été faite qu'en prévision des contestations dont l'acte pourrait être le sujet et seulement
pour son exécution forcée. Ces raisons de décider paraissent parfaitement justes au premier abord ; mais,
en y regardant de plus près, je crois qu'on peut y

trouver une réponse. La signification de transport de
la créance a un rapport direct avec son exécution, on
ne saurait le nier ; elle fait savoir au débiteur à qui il
devra payer, avec qui il aura à démêler ses intérêts
désormais. Mais qui peut dire, au moment de cette signification, qu'elle ne se rapportera pas à une exécution forcée? Qui peut dire que le nouveau créancier
n'aura pas besoin d'avoir recours à des poursuites
pour obtenir l'exécution de l'obligation du défendeur?
Dans ce cas, nul doute que le cessionnaire, ayant cause
du cédant en faveur de qui l'élection de domicile a
eu lieu, n'ait le droit de profiter de la clause insérée
dans l'acte, et qu'il n'ait la faculté d'adresser tous ses
actes de procédure à ce domicile élu. Celui chez qui
l'élection a été faite fera parvenir cette notification à
son mandant comme tout autre exploit. — C'est du
reste l'avis de Merlin, *Dom. élu*, § 2, n° 8, et il cite
à l'appui l'opinion de Brodeau, sur l'art. 108 de la
coutume de Paris : « Encore que la coutume requière
que la signification du transport soit faite à la partie, il
suffit qu'elle soit faite à son domicile : ce qui s'entend du domicile actuel du débiteur, ou de celui qu'il
avait élu par le contrat. »

Faut-il accorder à la partie assignée au domicile
qu'elle a élu une augmentation de délai à raison de
la distance du domicile réel au domicile élu? Cette
question est d'autant plus difficile à résoudre que
nous n'avons pas de texte pour nous servir de guide,
si ce n'est l'art. 2185, qui est interprété dans un sens

différent par les deux opinions. — Je pense qu'il ne faut pas exagérer la portée de l'élection de domicile conventionnelle, faite dans les termes de l'art. 111 : ce serait aller trop loin que remplacer complètement le domicile réel par le domicile élu ; ce serait même sortir de la lettre du texte de l'article. Ce domicile élu tient lieu du domicile réel, quant à la remise des exploits et à l'attribution de juridiction au tribunal du lieu. Mais enlever au défendeur le bénéfice des délais de distance, c'est le mettre dans le cas d'être poursuivi et jugé avant d'avoir eu connaissance de rien, tout diligent que soit son mandataire, si les deux domiciles sont aux deux extrémités de la France. Notre article 111 doit être entendu dans un sens restrictif et il contient l'abandon d'avantages assez considérables de la part du défendeur pour que nous n'aggravions pas encore sa situation, en le mettant hors d'état de suivre la procédure de son adversaire et de diriger celle de sa défense, art. 1033 Cod. pr. —Mais, dira-t-on, les procès sont déjà assez longs; avec ce système, ils deviendront interminables. — Je répondrai qu'il est de l'intérêt des deux parties que la procédure ne traîne pas en longueur et qu'il est probable que le défendeur donnera ses instructions à son mandataire pour la direction du procès et alors rien ne sera ralenti. Puis, si quelqu'un doit souffrir, il vaut mieux en général que ce soit le demandeur : la loi est toujours favorable au débiteur ; le silence des parties, à cet égard lors de l'élection de domicile, doit être interprété en sa faveur. Cette opinion admise, la décision que nous avons donnée relativement au domicile où les significations de jugement et d'appel peuvent être faites sera moins inconciliable avec celle de la jurisprudence. — Du reste, quand je dis que le silence des parties est favorable au débiteur, il faut bien comprendre que si quelque chose peut suppléer à une convention inverse, soit la nature de l'affaire pour laquelle domicile a été élu (affaire commerciale), soit la raison qui a fait exiger par la loi l'élection de domicile (saisie, inscription hypothécaire, etc.), la décision ne devra plus être la même : alors, à raison de l'urgence, il y aura lieu de ne plus accorder les délais de distance entre le domicile réel et le domicile élu. (Merlin, v° *Consuls des marchands*. — Chauveau *sur Carré*, 1, n° 326. — Agen, 16 février 1810.)

§ II. — DE L'ÉLECTION LÉGALE DE DOMICILE.

Il est des cas où la loi ordonne de faire élection de domicile dans un certain lieu à l'occasion de certains actes. Cette élection commandée a d'ordinaire pour but de favoriser le débiteur ou le défendeur, de faciliter la solution des difficultés, d'augmenter la célérité de la procédure et d'en diminuer les frais. Nous verrons l'une ou l'autre de ces idées appliquée dans les divers cas que nous allons parcourir rapidement.

Le Code civil nous donne deux exemples d'élection de domicile ordonnée par la loi :

1° Art. 176. Nous avons déjà eu l'occasion de dire un mot de cet article, lorsque nous nous sommes occupés de ce qu'a de particulier la loi relativement au domicile du mariage. — Certaines personnes peuvent former opposition au mariage d'une autre : ce sont le conjoint, les père ou mère, ou ascendants, et même les frère ou sœur, oncle ou cousin germain de la personne près de contracter mariage. La loi a exigé que cette opposition, signifiée à la personne ou au domicile des parties et à l'officier public, contînt élection de domicile de la part des opposants, dans le lieu où le mariage devra être célébré.

Cette élection de domicile a pour but d'attribuer juridiction au tribunal du domicile de la personne au mariage de laquelle on s'oppose : on ne veut pas la distraire de son ressort, lorsqu'elle répondra à cette opposition par une demande en mainlevée ; ce sera devant le tribunal du domicile élu et non devant celui de l'opposant que sera portée cette demande, pour y être statué dans les dix jours, 177. — Il se peut que les deux futurs époux aient leur domicile dans deux arrondissements différents : l'opposition et l'élection de domicile devront-elles être faites dans ces deux endroits à la fois, afin d'être sûr qu'ainsi le mariage ne pourra être célébré dans aucune des deux communes par un officier de l'état civil ignorant l'existence de l'opposition?

Je ne le pense pas : l'opposition et l'élection de domicile ne seront nécessaires qu'au domicile de la par-

tie dont on veut entraver le mariage ; car il n'y a
qu'elle qui puisse assigner l'opposant en mainlevée,
et alors c'est seulement dans la commune où elle demeure que l'élection a de l'intérêt et que la demande
doit être régulièrement intentée. Puis, il n'est pas à
craindre que l'officier civil du domicile de l'autre
partie procède au mariage, l'art. 69 exigeant que
celui des époux qui se marie au domicile de l'autre
apporte un certificat de l'officier de l'état civil de
sa commune, constatant qu'il n'existe pas d'opposition.

2° Art. 2148. Les bordereaux d'inscription d'un
privilége ou d'une hypothèque doivent contenir, entre
autres indications, celle d'un domicile élu par le
créancier qui réclame l'inscription, dans l'arrondissement du bureau. — Cette élection de domicile légale
est à remarquer par son objet limité ; elle n'est relative qu'aux notifications que le débiteur ou tiers
détenteur peut avoir à faire aux créanciers inscrits, et
ne produit pas, comme ordinairement l'élection de
domicile, attribution de juridiction aux tribunaux du
lieu où elle a été faite.

Il faut bien remarquer aussi que cette élection de
domicile se rapporte aux significations qui concernent exclusivement l'inscription et non la créance ;
ainsi c'est au domicile réel et non au domicile élu
que les significations d'offres réelles d'un créancier à
un autre qui lui est préférable devront être faites pour
obtenir la subrogation légale, 1251. L'utilité de cette

élection de domicile apparaît dans plusieurs circonstances :

1° 2156. Les exploits qui concernent les actions
auxquelles les inscriptions peuvent donner lieu contre
les créanciers pourront être adressés : soit au domicile réel de ces créanciers, soit à leur dernier domicile
élu. Mais cette élection de domicile ne produit pas
attribution de juridiction au tribunal du domicile élu
pour autre chose que les contestations relatives à l'inscription elle-même.

2° 2183. C'est à ce domicile élu que le tiers détenteur, qui veut purger l'immeuble des hypothèques qui
le grèvent, devra faire aux créanciers inscrits les notifications du prix d'acquisition ou de l'évaluation de
la chose, si elle a été donnée. Par ce moyen, le tiers
détenteur évite les lenteurs d'une notification au domicile réel de tous les créanciers inscrits, difficulté
qui grandirait encore par les changements possibles de
situation des domiciles.

3° Art. 692 C. pr. — En cas de saisie immobilière,
le poursuivant devra faire à ce domicile élu sommation aux créanciers inscrits de prendre communication
du cahier des charges, de fournir leurs dires et obser-
vations et d'assister à l'adjudication.

4° Art. 758 C. pr. — C'est enfin à ce domicile élu
que les créanciers inscrits devront être sommés de
produire à l'ordre leurs titres de créanciers hypothécaires.

Le créancier hypothécaire peut, du reste, faire varier le lieu où il a élu domicile, à la charge d'en indiquer un autre dans le même arrondissement. Le même droit appartient à ses héritiers et cessionnaires par acte authentique. (2152.)

Dans les inscriptions hypothécaires, l'élection de domicile commandée par l'art. 2148 est-elle indispensable pour la validité de ces inscriptions? Cette question est vivement débattue entre les auteurs et divise la Cour de cassation qui prononce la nullité de l'inscription et les autres cours qui généralement reconnaissent sa validité. — Voici les arguments des personnes qui admettent la nullité de l'inscription, faute d'une élection de domicile. Le domicile élu est une formalité substantielle de l'inscription, et son importance se révèle par la nécessité d'un endroit permanent où les notifications et demandes relatives à l'inscription puissent être adressées, soit par le débiteur propriétaire de l'immeuble grevé, soit par les autres créanciers hypothécaires, soit par le tiers détenteur qui veut remplir les formalités de la purge. Le domicile réel qui doit être indiqué dans l'inscription n'a pas le même avantage que le domicile élu, parce que ce domicile réel peut changer sans qu'on sache où le créancier est allé le fixer, ou qu'il peut disparaître complétement par la mort de ce créancier. L'art. 2148 n'exige donc pas l'élection de domicile dans l'intérêt seulement du créancier, mais aussi dans celui des tiers; elle est nécessaire pour la célérité de la procédure en matière de saisie immobilière et d'ordre pour arriver à la distribution du prix de vente (art. 675 et 692 C. pr.). Enfin, c'est au domicile élu que le débiteur ou tout autre intéressé devra faire parvenir les exploits tendant à obtenir la radiation ou la réduction de l'inscription (art. 2156 C. N.); que le tiers détenteur devra adresser ses notifications des prix d'acquisition pour arriver à la purge des hypothèques qui grèvent son immeuble (art. 2183). La loi attache une si grande importance à cette élection et au lieu où elle doit être faite, qu'elle dit que son changement ne peut avoir lieu de la part du propriétaire de l'immeuble grevé, qu'à la charge d'en choisir un autre dans le même arrondissement. Il ressort donc bien de l'esprit de la loi que l'omission de cette élection dans le bordereau d'inscription est une cause de nullité, bien que l'art. 2148 ne le dise pas formellement (Dur., t. XX, § 107. — Cass., 27 août 1828, 6 janvier 1833, 12 juillet 1836, 11 déc. 1843. — Colmar, 16 août 1847; Nîmes, 8 juillet 1849; Paris, 7 juillet 1852).

La généralité des auteurs et des cours d'appel ont résisté à la jurisprudence de la Cour de cassation et ne veulent pas reconnaître dans l'absence d'élection de domicile au bordereau d'inscription, une cause de nullité pour l'inscription. L'élection de domicile est une formalité exigée en faveur du créancier, afin qu'il puisse recevoir les notifications et significations relatives à l'inscription. C'est de sa part une obligation, pour les autres intéressés un droit; si le créancier n'a

pas satisfait à son obligation, il s'ensuivra pour lui
qu'on sera dispensé de lui faire toutes les notifications
et significations auxquelles il aurait eu droit, n'ayant
pas de domicile élu où on soit en droit de lui ... ser
ces exploits, on agira sans lui et il pourra perdre ainsi
le bénéfice de son inscription, non parce qu'elle sera
frappée de nullité, mais parce qu'il ne sera pas averti
et mis à même de profiter des avantages que, régulière,
elle lui eût donné occasion de faire valoir. Il ne faut
pas prononcer des nullités sur lesquelles la loi ne s'est
pas expliquée formellement, et ce serait à tort qu'on
multiplierait ainsi ces causes de nullité, elles nuiraient
au crédit public et rendraient les capitaux encore plus
défiants. Les tiers n'ont pas à se plaindre du défaut
d'élection de domicile ; pour eux, ce qu'ils ont intérêt
à connaître et ce pourquoi on a rendu les hypothèques
publiques, c'est la désignation exacte de l'immeuble
hypothéqué, du montant des créances qui reposent
déjà sur sa valeur et la date des inscriptions ; mais
le tiers qui est sur le point de prêter des capitaux
au propriétaire, n'a aucun intérêt réel à connaître le
nom et les domiciles des créanciers déjà inscrits : c'est
tant pis pour eux seulement s'ils ne se sont pas fait
connaître de façon que les autres créanciers, ou le
tiers détenteur puissent leur faire parvenir les significations qui les intéressent ; on procédera sans eux,
et la punition de leur négligence sera de ne pas être
avertis d'avoir à faire valoir leurs droits à temps.
Ainsi le tiers détenteur qui voudra purger se trouvera

dispensé de la notification de l'art. 2183, au créancier
qui n'aura pas élu domicile ; s'il y a saisie immobilière,
le créancier en faute ne recevra pas la sommation de
prendre connaissance du cahier des charges et d'assister à l'adjudication au jour fixé, de faire surenchère
(692, 705, 709, C. pr.). Nous voyons donc que les tiers
n'ont pas à souffrir de l'absence du domicile élu,
et que les conséquences en sont supportées par le
créancier négligent. Les partisans de cette opinion
vont même jusqu'à dire que l'omission complète de
désignation du créancier ne serait pas une cause de
nullité de l'inscription, le créancier peut surveiller de
près ses intérêts et être au courant de ce qui se passe
et user de ses droits à temps, sans qu'il lui soit par-
venu de signification et sans qu'on ait le droit de le
repousser. Il ne faut donc pas frapper de nullité l'inscription où manque l'indication d'un domicile élu
par le créancier. Du reste, la cour de cassation semble
être revenue un peu sur sa doctrine trop sévère ; un
arrêt récent, du 14 janvier 1863 (ch. réunies), admet
que si le créancier hypothécaire est domicilié dans
l'arrondissement du bureau où l'inscription a été prise,
l'omission de l'élection de domicile n'entache pas la
validité de l'inscription. Ce même arrêt réserve avec
soin le cas où le créancier n'aurait pas son domicile
réel dans l'arrondissement où l'inscription a été prise.
Espérons, en constatant que la Cour suprême est en
voie de progrès et commence à se départir de sa rigueur exagérée, qu'elle finira par adopter la solution

qu'a donnée la cour d'Alger, le 18 janvier 1863.
(Toullier, VII, n° 510.—Merlin, Rép., v° *Insc. hyp.*, § 5,
n° 8, 4°.—Paul Pont, II, n° 970. — Zach, t. II, p. 171.
— Troplong, *Recueil de Sirey*, 1835, 2, p. 129.—Riom,
7 mars 1825 et 29 fév. 1852; Paris, 9 août 1852 ;
Agen, 4 janv. 1854.)

Au Code de procédure, nous trouvons de nombreux
exemples d'élection de domicile légale :

1° Art. 61. — Tout exploit d'ajournement doit contenir, entre autres choses, la constitution d'un avoué
qui occupera pour le demandeur dans l'affaire, et élection de domicile sera de droit chez cet avoué constitué, à moins d'une élection contraire par le même exploit, chez une personne domiciliée dans le même
ressort. Ainsi, aux termes de l'art. 61, l'avoué est le
mandataire légal et forcé des plaideurs, c'est chez lui
que tous les exploits et actes de procédure, relatifs au
procès, devront être remis, à moins que domicile
n'ait été élu chez une autre personne : c'est chez elle
alors que seraient adressés tous ces exploits que la loi
ne prescrit pas impérativement de signifier au demandeur lui-même ou à son domicile réel. — Mais entre
ces deux cas d'élection de domicile, il y a une différence remarquable dans les effets : l'assignation
donnée dans le cours de l'instance au domicile de l'a-
voué n'est point adressée à la partie, mais à l'avoué
lui-même, parce qu'il a caractère pour défendre à
l'assignation au nom de sa partie, qu'il est *Dominus
litis*; tandis que, donnée au domicile de la personne

chez qui l'élection a eu lieu, ce n'est pas à cette personne que l'assignation est adressée, mais bien à la partie, et le maître de la maison où domicile est élu, ne figure là que comme figure le concierge du domicile réel, comme une personne à qui la loi autorise à remettre l'exploit en l'absence de la partie. — En conséquence, si plusieurs parties faisant cause commune ont constitué un même avoué et élu domicile chez lui, il n'y aura qu'une assignation pour elles toutes, adressée à l'avoué qui a mission de les représenter, tandis que si l'élection de domicile a eu lieu ailleurs, il devra y avoir autant d'assignations que de parties différentes, afin que l'assignation puisse être envoyée à chacune d'elles ou à leur avoué, par l'intermédiaire du mandataire chez qui l'élection a eu lieu. Voilà qu'elle me semble devoir être l'exécution du mandat donné à ce mandataire : cependant quelques auteurs (Rodière. I, p. 281. — Bonnier, art. 61, p. 41) considèrent comme parfaitement inutile l'élection de domicile que permet l'art. 61, chez une autre personne que l'avoué constitué, attendu que, malgré cette élection de domicile chez un tiers, ce sera chez l'avoué constitué que devront être signifiés, tous les actes courants de la procédure, et que pour ce qui est des autres significations qui doivent se faire à la partie même, il faudra les faire au domicile réel afin que, cette partie les reçoive personnellement et directement. Art. 147, C. pr.

2° Art. 422. — Dans les affaires commerciales, si les

parties comparaissent, et que le procès ne soit pas terminé à la première audience par un jugement définitif, les parties non domiciliées dans le lieu même où siége le tribunal doivent faire élection de domicile dans la ville. Elle sera mentionnée sur le plumitif, c'est-à-dire dans le procès-verbal d'audience; si cette élection n'a pas été faite, toute signification, même celle du jugement définitif, sera valablement faite au greffe du tribunal. — Cette élection a pour but de faciliter l'instruction d'affaires où le ministère des avoués est interdit, et où, par suite, il n'y a pas d'élection de domicile de droit, lors même que les parties auraient choisi un agréé pour les assister dans leur affaire. S'il fallait faire les significations au domicile réel des parties, souvent fort éloigné du lieu où se vide le procès, cela entraînerait des longueurs et des frais que le législateur a voulu éviter, surtout en matière commerciale.

L'élection de domicile doit être faite à l'audience, sur le plumitif; faite dans l'exploit d'ajournement, elle ne rentrerait pas dans les conditions voulues par la loi, et les notifications devraient être faites alors au greffe. (Poitiers, 28 novembre, 1822. — Bordeaux, 26 fév. 1850.— Bonnier. art. 422. p. 481.)

Il faut remarquer que cette élection de domicile recommandée par la loi n'entraîne aucune nullité par son absence : comme elle n'est faite que pour y recevoir des exploits, la loi dit que le greffe suppléera à son défaut. Ce qui est aussi à noter, c'est que même

la signification du jugement définitif peut être faite
valablement au greffe : c'est une dérogation à l'art. 147,
qui s'explique par la nature de l'affaire. Du reste, la
signification peut toujours être faite au domicile réel.

3° Il y a encore lieu à l'élection de domicile légale,
quand on signifie un jugement par défaut, rendu en
matière commerciale, à la partie qui a fait défaut.
L'art. 435 nous dit que cette signification contiendra,
à peine de nullité, élection de domicile dans la commune où elle se fait, si le demandeur n'y est pas domicilié. — Le but de cette élection nous est indiqué
par l'art. 437, c'est de permettre au défendeur de
former opposition, sans retard et sans frais de déplacement, à ce domicile élu dans son intérêt ; il pourrait donc signifier son opposition au domicile réel,
s'il le préférait. Mais il ne faudrait pas voir dans cet
art. 435 une attribution de juridiction au tribunal du
territoire où la signification est faite qui lui donnerait
la connaissance de l'opposition au jugement par défaut
ou de son exécution : il n'a pour but que de mettre
le condamné à même de signifier plus tôt son opposition.

4° Art. 559. Tout exploit de saisie-arrêt contiendra
élection de domicile dans le lieu où demeure le tiers
saisi, si le saisissant n'y demeure pas. Cette élection
est encore en faveur du débiteur et lui permet de signifier tous les exploits à ce domicile élu près du tiers
saisi, son débiteur : ainsi le saisi ne se verra pas
forcé de signifier au domicile réel de son créancier

les oppositions ou les demandes en mainlevée de la saisie.

5° Art. 584. Toute saisie-exécution doit être précédée d'un commandement, dans lequel le poursuivant doit faire élection de domicile dans le lieu où l'exécution est poursuivie, s'il n'y demeure pas lui-même. C'est à ce domicile élu que le débiteur saisi pourra faire toutes significations, même d'offres réelles et d'appel. — Cet art. 584 est la reproduction de l'art. 1er, titre XXXIII de l'ordonnance de 1667, qui exige que le créancier ait un domicile réel ou élu dans la commune où il veut faire la saisie. — Remarquons ces mots de l'art. 584 : « Élection de domicile jusqu'à la fin de la poursuite; » ils ont pour but d'éviter un abus qui s'était introduit dans l'ancienne procédure, consistant à faire l'élection prescrite, mais seulement pour un temps très-limité; ce qui faisait perdre au débiteur la faveur que l'ordonnance voulait lui assurer.

Cette élection de domicile est attributive de juridiction au tribunal du lieu pour juger des demandes en mainlevée ou en nullité de la saisie. Ainsi, le débiteur saisi se trouve protégé contre la nécessité de porter ses demandes devant le tribunal du créancier poursuivant : du reste, ce n'est là qu'un acte de justice, car, bien que demandeur en apparence, le saisi est bien en réalité défendeur à l'exécution de la saisie, et il doit conserver le bénéfice de n'avoir à plaider que devant ses juges.

Une question qui a été très-agitée est de savoir si

l'omission de l'élection de domicile dans le commandement qui précède la saisie est une cause de nullité. —
On admet en général qu'il n'y a pas là une cause de
nullité, car, dit-on, l'art. 584 n'a pas reproduit
l'art. 19 de l'ord. de 1667 qui prononçait nullité dans
ce cas. Puis l'art. 1030, C. pr., défend de déclarer
aucun acte de procédure nul, si la loi ne l'a pas formellement ordonné. (l'aris, 20 janv. 1848.)

Cependant, je suis porté à croire qui si l'omission
commise dans le commandement n'est pas réparée
dans un des premiers actes de la procédure de saisie,
par exemple dans le procès-verbal de saisie, la nullité
du commandement et de la procéduré qui l'aura suivi
pourra être prononcée. Je pense qu'il faut faire
ici la même distinction que nous avons admise dans
l'art. 2148, voir si l'omission de l'élection de domicile
vicie profondément l'acte et lui fait manquer d'une
des formalités substantielles et nécessaires à sa validité. Eh bien! je pense que l'élection de domicile
prescrite par l'art. 584 est une formalité substantielle;
le législateur n'a pas pu considérer comme n'étant pas
de première importance une indication dont le but
est d'attribuer juridiction au tribunal du saisi pour
tous les actes relatifs à cette saisie. Il ne peut pas dé-
pendre du saisissant d'enlever ainsi au débiteur les
faveurs de la loi et les moyens de repousser la saisie de ses meubles en faisant des offres de payement au
créancier, à ce domicile qui doit être élu, ou de suspendre l'exécution du jugement en vertu duquel la

saisie est opérée par l'appel signifié à ce domicile d'élection. Ce commandement incomplet pourra donc être annulé s'il n'a pas été complété à temps par une élection de domicile faite dans un acte postérieur et relatif à la saisie. — Maintenant, si le débiteur se voit sous le coup d'une saisie près d'être exécutée, il pourra assigner le créancier en son domicile réel, afin d'entendre prononcer la nullité de la procédure faite jusque-là, et cette assignation sera donnée pour comparaître devant le tribunal du domicile du défendeur saisi, tout comme si l'élection, qui aurait dû être faite, l'avait été en effet.

Les derniers mots de l'art. 584 ne doivent pas être entendus dans un sens restrictif; au contraire, ils tranchent, relativement à la faculté de faire des offres réelles ou de signifier appel au domicile élu, des doutes qui existaient sous l'empire de l'ordonnance de 1667. Ainsi le débiteur, par suite de cette élection de domicile, se trouve dispensé de faire ses offres réelles à la personne et au domicile du créancier: il aura l'avantage de ne pas se déranger, ayant près de lui le domicile élu où elles pourront être faites valablement. L'art. 584 n'a fait, du reste, que confirmer la disposition de l'art. 1258, 6°, en décidant que ces offres seraient valablement adressées à ce domicile d'élection.

Quant à l'appel, on s'est demandé à quel jugement l'art. 584 faisait allusion. Est-ce seulement à l'appel d'un jugement intervenu sur une contestation relative à l'exécution de la saisie? Ou bien est-ce aussi à l'ap-

pel du jugement sur lequel se fonde l'exécution et qui
sert de titre au commandement et à la saisie?

L'art. 584 entend parler de ces deux jugements, et
voici comment il se peut que l'appel du jugement qui
condamne le débiteur à payer soit fait au domicile
élu : le demandeur peut, le lendemain de l'obtention
du jugement de première instance, signifier ce jugement au débiteur, faire commandement et commencer
l'exécution. C'est alors, après ce commandement où
le créancier a élu domicile, que le débiteur peut signifier son appel au domicile élu et suspendre l'exécution jusqu'à ce qu'un arrêt soit venu confirmer le
jugement de première instance.

Cet art. 584 contient une dérogation remarquable
au principe que certains auteurs et certaines cours
veulent faire triompher, à savoir que l'appel d'un jugement ne peut être notifié qu'à personne ou domicile
réel. Ils veulent y voir une exception à la règle générale, motivée sur l'urgence de la situation où se trouve
le débiteur saisi, qui lui a fait accorder une faveur
par la loi, celle de pouvoir faire appel au domicile
élu. — Pour moi, je ne vois là qu'une confirmation
du principe contraire que j'ai développé plus haut et
je trouve précisément dans le texte de l'art. 584 réponse à cette prétendue exception qu'on nous oppose :
en effet, l'art. 584 nous dit que le saisi pourra faire
les offres réelles et l'appel au domicile élu ; pourquoi
verrait-on une dérogation à la règle à propos de l'appel, quand on est forcé de reconnaître que pour les

offres, il n'y a que la confirmation de l'art 1258, 6°?
Ce mot « *même* » de l'art. 584, où l'on veut trouver
l'expression d'une exception s'applique aussi bien à
l'appel qu'aux offres. Du reste un arrêt de la cour
d'Orléans, 25 janvier 1849, reconnaît que l'élection
de l'art. 584 est attributive de juridiction et produit
les mêmes effets que celle de l'art. 111 : « Si la rédaction de l'art. 584 spécifie qu'on pourra faire au
domicile élu toutes significations, offres réelles et appels, le but du législateur nouveau n'a pas été de restreindre les effets de l'élection de domicile, mais de
faire disparaître les doutes de l'ancienne jurispru-
dance sur la question de savoir si des offres réelles et
des appels pouvaient être faits valablement au domicile élu. »

6° Nous trouvons encore au Code de procédure plusieurs matières où la loi ordonne au créancier qui
procède à l'exécution de son débiteur de faire élection
de domicile en faveur de ce débiteur. Ainsi, et pour
suivre l'ordre des articles, citons le cas de saisie-bran-
don, art. 654 renvoyant à l'art. 584, que nous venons
d'étudier : — La saisie des rentes sur particuliers, 637.
— Le commandement qui précède la saisie immobilière : il contiendra élection de domicile dans le lieu
où siége le tribunal qui devra connaître de la saisie,
art. 673. — Le procès-verbal de saisie contiendra
constitution d'un avoué chez lequel élection sera de
droit, art. 675, 725, 751, 752. — Le commandement
qui précède la contrainte par corps, 780. — Le procès

verbal d'emprisonnement, 783 et 789. — L'opposition à scellé, 927.

Au criminel, nous voyons aussi que l'élection de domicile est prescrite : — aux plaignants qui veulent se porter partie civile, dans l'arrondissement communal où se fait l'instruction. Art. 68. C. inst. cr.; — à la personne qui se porte partie civile dans une affaire correctionnelle. Art. 183; — au prévenu mis en liberté provisoire sous caution, art. 124.

———

Il nous reste à dire quelques mots du domicile de secours et du domicile politique. — Nous serons brefs sur ces deux matières, intéressantes il est vrai, mais que nous n'avons pas eu en vue de développer dans cette thèse. Cependant, nous n'avons pas voulu les passer complétement sous silence, et nous nous contenterons d'en donner une idée générale dans un résumé d'une étendue restreinte.

Domicile de secours.

Chaque commune affecte une partie de ses revenus au soulagement des pauvres qui l'habitent. Ces secours sont accordés aux ouvriers nécessiteux et sans travail, aux enfants que la misère ou la mort des parents laisse sans subsides, aux vieillards incapables de suffire par leur travail à leurs besoins, aux infirmes sans ressources.

L'une des conditions exigées par la loi, pour avoir le droit à une part de ces secours, est d'être domicilié dans la commune à laquelle on les réclame.

C'est par un décret du 24 vend. an II, titre V, qu'est réglementée la matière du domicile de secours.

Nous y voyons que le domicile de secours est le lieu où l'homme nécessiteux a droit aux secours publics. Ce domicile peut varier, et le décret nous dit à quelles conditions on l'acquiert. — Et d'abord, chaque individu a un domicile originaire de secours, qu'il acquiert par le seul fait de sa naissance; ce lieu de naissance est le lieu naturel du domicile de secours, nous dit l'art. 2 du décret; mais il ne faut pas croire que ce soit un lieu quelconque, l'art. 3 dit que pour les enfants, c'est le domicile habituel de leur mère au moment où ils sont nés. C'est une décision qui est la suite du principe que l'enfant reçoit son domicile d'origine de ses parents. Ce domicile d'origine, relativement au droit de secours, est conservé par le citoyen jusqu'à l'âge de 21 ans, et il peut revendiquer ce droit, alors même qu'il aurait quitté sa commune natale pendant un certain temps.

Maintenant, voyons à quelles conditions on peut changer son domicile de secours, pour en acquérir un nouveau.

L'art. 4 nous dit que pour acquérir un nouveau domicile dans une commune autre que celle de la naissance, il faut un stage de un an de séjour effectif dans cette commune, et que ce délai ne commence à courir que du jour de la déclaration au greffe de la municipalité faite par la personne qui veut y acquérir ce genre de domicile. Du reste, les officiers municipaux conservent toujours le droit de refuser la perspective de ce droit à toute personne qui n'ayant ni passe-port ni certificat, peut être considérée comme sans aveu, et dont le séjour dans le territoire de la commune peut être pour elle l'occasion de troubles et de désordres.

L'art. 8 nous dit qu'après 21 ans tout citoyen sera astreint à un séjour de six mois avant d'obtenir le droit de domicile, et à se conformer aux formalités que nous venons de reproduire. Cet art. 8 semble en contradiction avec l'art. 4, ces deux articles fixent un temps différent de stage dans la commune avant d'acquérir le domicile de secours. Cette décision me semble tenir à ce que l'art. 8 vise spécialement le cas où c'est une personne qui a perdu son domicile d'origine par un changement et qui veut le reconquérir, et alors la loi lui facilite ce résultat en abrégeant le stage de six mois. Cette interprétation me semble confirmée par la place de l'art. 8 relativement à la disposition de l'art. 7, et résulter de l'esprit général de l'art. 2.

Quelle sera la position de l'homme qui a manifesté, dans les formes que nous venons d'exposer, la volonté de changer son domicile de secours? Cette manifestation de volonté lui fera-t-elle perdre immédiatement le droit aux secours dans la commune qu'il veut abandonner? Non, la loi qui a déclaré formellement qu'un même individu ne peut pas se ménager deux domiciles de secours dans deux communes différentes (art. 11), a voulu aussi que l'homme exact à remplir les formalités exigées pour le changement de domicile ne se trouvât pas sans secours pendant le délai voulu pour acquérir le nouveau domicile, et elle a décidé que cette personne conserverait son dernier domicile jusqu'à cette acquisition.

Le mariage est une cause de faveur en cette matière, comme en beaucoup d'autres : ainsi, les personnes qui se marient dans une commune et qui s'y fixent, peuvent par un simple séjour de six mois avoir droit aux secours, à raison de leur nouveau domicile : le stage se trouve donc abrégé de six mois. Art. 4 et 13.

Dans certains cas, le législateur accorde encore le bénéfice du domicile de secours sans qu'il y ait eu besoin de déclaration à la municipalité. Par exemple, les domestiques et tous ceux qui sont au service d'autrui depuis deux années dans la même commune, obtiennent cette faveur, et peuvent réclamer des secours. — Pour le soldat qui a servi dans les armées et combattu pour la défense du pays, il y aura une faveur exceptionnelle; en quelque endroit qu'il se fixe, il aura de suite le droit de domicile de secours.

Il est des circonstances, reconnues par la loi, où le besoin de secours est plus urgent que d'ordinaire : le vieillard âgé de soixante-dix ans, qui est reconnu infirme, pourra réclamer les secours de stricte nécessité dans l'hospice de la commune où il se trouve ou de la commune la plus voisine. — De même, celui qui, avant d'avoir achevé le stage requis pour acquérir le domicile de secours, deviendra malade ou infirme par suite de son travail et incapable de gagner sa vie, sera admis dans l'hospice le plus voisin, quel que soit son âge. Enfin celui qui sera malade et sans ressources sera secouru dans l'hospice le plus voisin, quand bien même il ne serait point domicilié dans l'endroit. — Les obligations générales d'humanité envers tout être souffrant et dans l'impossibilité de se faire soigner devaient faire prononcer ces dernières décisions par le législateur d'un pays civilisé.

Domicile politique.

Notre intention est de ne pas nous étendre sur cette matière difficile et complexe ; nous nous trouverions entraînés dans la matière des élections auxquelles le domicile politique se rattache. Nous nous contenterons donc de donner une idée générale du droit qui règle actuellement et spécialement le domicile politique.

Le domicile politique a été réglementé par des lois successives, les unes abrogeant les autres, ou les complétant. Nous ne ferons pas l'historique du domicile politique, nous ne reproduirons que les dispositions qui règlent son état actuel.

Le décret du 2 janvier 1852 proclame le suffrage

universel et direct. Dans ces conditions, tout Français
âgé de 21 ans accomplis, jouissant de ses droits civils
et politiques, peut se faire inscrire sur la liste électo-
rale dressée par le maire de la commune où il habite
depuis six mois au moins. Art. 13 du décret. Voilà
donc à quoi se réduisent les conditions du domicile
politique ; il se confond avec l'habitation prolongée
pendant six mois dans un lieu : il suffit au citoyen de
faire preuve de cette habitation pour obtenir son inscription sur les listes électorales. Quoiqu'il en soit,
cet art. 13 du décret ne change rien au principe général posé dans l'art. 10 de la loi du 19 avril 1831 :
le domicile politique de tout Français est dans l'arrondissement électoral où il a son domicile réel. Déjà,
sous l'empire de cette loi, on pouvait séparer son domicile politique de son domicile réel et fixer le premier
dans un arrondissement où l'on payait une contribution directe, en faisant une déclaration expresse, six
mois d'avance, aux greffes des tribunaux civils des deux
arrondissements où on avait son domicile politique
actuel, et où l'on voulait le transférer. Alors les domiciles réel et politique devenaient distincts l'un de
l'autre, et l'un deux pouvait varier sans apporter le
moindre changement à l'autre. Cette faculté de séparer ces deux domiciles tenait à la nécessité pour un
département d'envoyer à la chambre au moins moitié
de députés choisis parmi les éligibles ayant leur domicile politique dans ce département. (Art. 36, Charte
de 1830, et art. 14, Ch. de 1814.)

On ne peut avoir deux domiciles politiques, de même que nous avons reconnu qu'on ne peut avoir deux domiciles réels. C'est ce qui résulte de l'art. 12 de la loi du 19 avril 1831 et la réclamation et l'obtention de l'inscription sur deux listes est punie d'un emprisonnement d'un mois à un an et d'une amende de 100 à 1,000 fr. Art. 31 du décret du 2 janvier 1852.

Nous avons vu qu'aujourd'hui, le domicile politique s'acquiert par une simple habitation de six mois dans un même endroit ; sous l'empire de la Constitution du 22 frim. an VIII il en était différemment : l'art. 6 disposait que pour acquérir les droits de cité dans un arrondissement communal, il fallait y avoir acquis domicile par une année de résidence, et ne l'avoir pas perdu par une année d'absence.

Quant à l'éligibilité, le décret du 2 février 1852 a encore innové sur les chartes de 1814 et 1830. Nous avons vu que sous l'empire de ces chartes, les départements devaient choisir au moins la moitié de leurs députés parmi des éligibles ayant leur domicile politique dans le département qui les nommait. (Art. 42, Ch. 1814; et 36, Ch. 1830.) De plus, il fallait avoir 40 ans (Art. 38, Ch. 1814) ou 30 ans (Art. 32, Ch. 1830). et payer un certain chiffre de contribution directe.

Aujourd'hui, les citoyens qui veulent se présenter comme candidats, ne sont plus arrêtés par des conditions d'éligibilité aussi compliquées ;. l'art. 26 du décret de 1852 admet que, sans condition de domicile, tous les électeurs sont éligibles, pourvu qu'ils aient vingt-cinq ans accomplis.

Pour les élections des conseillers généraux et des conseillers d'arrondissement, c'est l'art. 10 de la loi du 19 avril 1831, qui est encore en vigueur. Le citoyen qui a choisi son domicile politique hors de son domicile réel, pourra néanmoins coopérer à l'élection des conseillers généraux et d'arrondissement dans le canton de son domicile réel, pourvu que trois mois d'avance, il ait fait une déclaration expresse aux greffes des justices de paix de ses domiciles réel et politique. (Art. 29 de la loi du 22 juin 1833.)

POSITIONS

I. — Lorsqu'une hypothèque a été constituée *a non domino*, et que le propriétaire de la chose devient héritier du débiteur qui a constitué l'hypothèque, le créancier n'a pas l'action hypothécaire utile, suivant Paul, loi 41, Dig. *pign. act.;* il l'a, suivant Modestin, loi 22, Dig. *pign. et hypoth.*

II. — Quand deux personnes sont d'accord pour opérer une translation de propriété, mais non sur la cause spéciale de cette translation, la propriété est-elle transférée? Opinions divergentes, loi 18, *de reb. cred.* Dig. et loi 36, *de acq. rer. dom.* Dig.

III. — La sentence d'absolution ne laisse pas subsister une obligation naturelle. *Nec obstat*, loi 60, Dig. *cond. indeb.*

IV. — Lorsque le pupille est présent et âgé de plus de sept ans, son tuteur a le choix, ou de plaider lui-même, ou d'autoriser son pupille. *Nec obstat*, loi 1, § 2, D. *de adm. et peric. tut.*

V. — Il suffit, pour avoir la qualité d'*incola* d'une ville, d'être établi d'une manière fixe sur le territoire de cette ville. *Nec obstat*, loi 35, *ad mun.* — Dig.

VI. — L'héritier d'une personne qui a vendu la chose d'autrui peut-il revendiquer de son propre chef la chose dont il est propriétaire sans être repoussé par l'exception de garantie de la part de l'acheteur? *Textes inconciliables :* lois 31 et 14, C., *de eviction.* — VIII, 45.

VII. — C'est à tort que Cujas a essayé de concilier les lois 18, *de juridict.* — Dig., et 29, C., *de pactis*, par la distinction entre les *pacta adjecta in continenti* et *pacta adjecta ex intervallo*.

DROIT FRANÇAIS

I. — L'étranger ne peut avoir de domicile proprement dit en France, hors le cas des art. 11 et 13, C. N.

II. — Un Français peut avoir son domicile en pays étranger.

III. — La femme séparée de corps judiciairement peut avoir un domicile distinct de celui de son mari.

IV. — Le changement de domicile du tuteur n'entraîne pas le changement du siége de la tutelle et du conseil de famille.

V. — La détermination d'un lieu de payement n'équivaut pas à une élection de domicile.

VI. — Même après la mort ou la révocation de la

personne chez qui l'élection de domicile a eu lieu, la partie en faveur de qui l'élection a été faite peut adresser ses exploits chez l'ancien mandataire, tant qu'il n'en a pas été élu un nouveau.

VII. — L'action tendant à faire annuler un contrat, pour l'exécution duquel élection de domicile a été faite dans l'acte, doit être intentée au domicile réel du défendeur, si la cause de nullité se fonde sur un vice du consentement.

VIII. —La signification d'un jugement définitif peut être faite à la partie condamnée, en son domicile élu. — Même décision pour la notification d'appel.

IX. —La signification du transport de la créance, née du contrat contenant élection de domicile, peut être faite au domicile élu.

X. — L'omission de l'élection de domicile prescrite par l'art. 2148, dans le bordereau d'inscription n'entraîne pas la nullité de cette inscription.

XI. — C'est la nationalité et non le domicile qui détermine le statut personnel.

XII. — La femme mariée a toujours hypothèque légale sur les acquêts de communauté.

XIII. — Pour savoir si une femme mariée étrangère a hypothèque légale sur les immeubles de son mari, situés en France, il faut se référer au statut personnel des parties.

DROIT DES GENS

I. — Les tribunaux français sont compétents pour connaître des crimes et délits, commis à bord d'un navire de commerce étranger, mouillé dans un port français, quand ces crimes et délits, entre gens de l'équipage, ont troublé la sécurité du port, ou lorsque l'intervention de l'autorité française a été réclamée.

II.—Un jugement rendu par les tribunaux étrangers n'a pas l'autorité de chose jugée en France s'il a été rendu contre un Français, en faveur d'un étranger.

DROIT PÉNAL

I. — L'appel à *minima* interjeté par le ministère public laisse à la juridiction d'appel le pouvoir d'appliquer une peine moindre ou même de prononcer l'acquittement du prévenu.

II. — Les circonstances qui sont de nature à changer la qualification légale du fait à punir, étendent aux complices leur effet aggravant ou atténuant, bien qu'elles dérivent de qualités personnelles à l'auteur principal.

Vu par le Président,
ROYER-COLLARD.

Vu par le Doyen,
C. A. PELLAT.

Permis d'imprimer.
Le Vice-Recteur,
A. MOURIER.

PARIS. — IMPRIMERIE SIMON RAÇON ET COMP., RUE D'ERFURTH, 1.